Brigitte Genre

Poésie en héritage

© Brigitte Genre
Ouvrage réalisé avec L'énergie de la plume – 2025

Le Code de la propriété intellectuelle interdit les copies ou reproductions destinées à une utilisation collective. Toute représentation ou reproduction intégrale ou partielle faite par quelque procédé que ce soit, sans le consentement de l'Auteur ou de ses ayants cause est illicite et constitue une contrefaçon sanctionnée par les articles L335-2 et suivants du Code de la propriété intellectuelle.

Poésie, poésie quand tu me tiens !

Pulsion irrésistible, aspiration profonde,
                                       pouvoir magique
Ou simplement, arme de survie dans les heures
                                       tragiques
Éclosion des sentiments cachés, des émotions

S'échappent alors les mots, les pensées et les rimes

Insolites parfois, les soirs de cafard dans l'abîme…

Et s'enlacent les vers, en rythme cadencé,
                               une musique, une respiration.

À l'image des grands poètes, Victor Hugo, Lamartine ou Baudelaire
Les soirs d'intenses colères, de doutes, de détresse
Des flots de mots sont lâchés, presque vomis
pour ne plus se taire.
Alors la poésie tisse sa toile avec violence, ivresse.
En tourbillon, les pensées sont diffuses, pèle et mêle
Posées ici et là
et les syllabes inlassablement s'entrelacent.
Puis comme un long combat, les rimes pauvres
ou riches s'entremêlent

Les mots s'entrechoquent
et les vers alors s'embrassent.

Dans la nostalgie, la mélancolie
la poésie trouve sa force
Libre ou classique, fable ou prose, souffle vibrant, improvisation
Les nuits d'insomnie,
une vague d'inspiration s'impose et se renforce.
Et je voyage alors et dérive lentement en immersion.
Mais souvent dans ma solitude, je m'engouffre j'abandonne la lutte, la quête.
Dans le brouillard, tout s'estompe et tu me chasses toi, petite muse.
Je sombre, je divague, et cloisonnée parfois
dans des rimes trop parfaites
Cachées dans les tranchées, mes pensées s'envolent
et s'usent.

La poésie, un langage, chimère, évasion
ou doux murmure
Elle est échappatoire,
une fuite dans l'imaginaire délivrance
De nos maux, ces fléaux qui nous emprisonnent
et comme une armure
Contre l'assaillant sournois et cruel,
elle guette l'assaut en silence.

Tel le bouclier puissant du chevalier, elle s'interpose enfin une libération !

Je l'apprivoise, je vagabonde et dans mes rêves inassouvis
Je capture les mots qui résonnent à foison
avec fascination.

Mes angoisses s'évaporent, je livre mes émois :
la poésie une passion, la vie.

Préface

Je remercie Sophie, cette maman de la petite école Sainte Thérèse de Bourg-Lès-Valence, où j'ai enseigné 18 ans, de m'avoir accompagnée et convaincue de m'engager avec confiance dans ce travail d'écriture.

Pendant la maladie de mon mari qui a débuté en mai 2020 et lors de la période de deuil, sa présence a été de tous les instants pour me soutenir, pour accrocher un sourire à mes lèvres afin d'avancer sur mon chemin sans Philippe, en me tenant chaque jour la main.

Au fil des jours, de nos sorties, nous avons appris à nous connaître, à échanger ; avec beaucoup de pudeur et de transparence, nous avons partagé nos vies, nous étions sur la même longueur d'onde émotionnellement, deux romantiques !

Avec Sophie, un peu de retenue au début, mais avec cette envie de la faire entrer dans mon univers de la poésie, j'ai ouvert mon cœur et j'ai livré quelques-uns de mes poèmes.

Merci Sophie pour le privilège de cette belle rencontre. Tu es solaire. Ta fougue, ton rire communicateur, tes fous rires et ton humour restent pour moi tes qualités extraordinaires qui durant une année m'ont redonné un peu le goût de vivre et d'y croire encore.

Tu as surgi de l'ombre, et une main tendue, douce et puissante, a pris la mienne. Comme un lierre, je me suis agrippée à elle. Vers le soleil je lève les yeux et, dans le tumulte de la vie, je sors la tête hors de l'eau et respire à nouveau le doux parfum du monde qui tourne autour de moi.

Merci pour ta présence, ton soutien, tes inquiétudes, quand dans ma voix tu décelais de la tristesse. Merci pour les textos innombrables, les messages vocaux, les mails me permettant de me hisser hors de la morosité de certains jours et de l'inéluctable réalité de l'absence de Philippe.

Merci de croire en moi mon petit ange gardien et d'être encore là pour m'épauler. Je ne cours pas encore, je déambule peut-être un peu, mais ma marche se fait de plus en plus stable. Et avec toi, je veux partager ce projet d'écriture et te remercier pour le long message que tu m'avais écrit pour balayer, chasser mes doutes et m'encourager à aller de l'avant : avec douceur, et tout ton enthousiasme, tu m'as bousculée !

Que de gentillesse, d'hommages, lors du partage de mes poèmes ! Je ne voudrais pourtant pas me mettre sur le devant de la scène, mais simplement t'associer à cette envie, à ce désir de continuer à écrire. Alors tout simplement, MERCI !

Tes mots me vont droit au cœur, lorsque tu m'écris : « Je n'ai pas pu m'empêcher de les lire. J'ai été comme hypnotisée. L'espace d'un instant, je n'étais plus là. La larme à l'œil et les frissons parcourant tout mon être, vers après vers, tu m'as emportée dans ton univers. Je me suis vue attendre ce petit être au côté de ta famille et tout de suite après, je marchais sur un chemin non loin derrière Philippe et toi vous tenant par la main.

Tu as un don c'est certain ; merci d'avoir partagé ces belles paroles criantes de vérité. Tes émotions ont transcendé les mots.

Le poème pour ton petit-fils est splendide. Les paroles ont résonné en moi comme un goût de déjà vu pendant la grossesse compliquée d'Olivia. J'aurais adoré lire un écrit comme cela pour soulager mes peines. Les tiens ont beaucoup de chance de t'avoir Mamily, même ton surnom te sied parfaitement. Il est doux à l'oreille et incarne ta douceur à merveille.

Quant au poème de Philippe, je n'ai pas de mots. Je n'ose imaginer ta souffrance, mais partage ton désarroi. Peut-on vraiment dire au revoir à un amour éternel ? La vie te l'a dérobé très vite, trop vite même. Mais il est parti comme un homme aimé comme peu de gens le sont maintenant ! Pourquoi lui ? Pourquoi si vite ? Tant de questions qui resteront sans réponse. Au fond, valent-elles vraiment la peine qu'on se les pose ? Car les vraies réponses tu les as : ai-je été aimée et ai-je aimé en retour inconditionnellement ? Oui et mille fois oui ! Ai-je été une épouse aimante et attentionnée jusqu'à ce que la mort nous sépare et même au-delà ? Encore mille fois oui ! On ne dit pas au revoir à un amour comme cela, on lui dit attend moi (Bon pas tout de suite !). Il est là-haut et te garde la place au chaud.

Une amie, lors de l'enterrement de son papa, a dit : « Aujourd'hui, je n'ai plus peur de mourir, car je sais que tu m'attends là-haut. Je vais continuer de vivre pour avoir encore plus de choses à te raconter quand je te retrouverai. »
Merci, merci et encore Merci de me prouver que les sentiments, les émotions ont encore leur place dans ce monde.
J'ai passé un très bon moment ! Tu es un puits de sagesse et tu transportes les gens avec toi dans ton univers. Merci pour ce beau voyage. »
Merci à toi Sophie surtout, pour ce témoignage et ce partage dans le plaisir d'écrire, de lire et d'aimer les mots, pour tout ce qu'ils peuvent nous apporter, le bien être, la sérénité, une révélation de nous-mêmes.

L'envie d'écrire

L'envie d'écrire, d'où vient-elle ? Ce désir de faire chanter les mots, comment l'expliquer ?
Les mots et la poésie ont été les premiers compagnons de mon adolescence et les témoins de ma vie. Pour exprimer mes ressentis, révéler mes émotions, extérioriser

l'intérieur de mon âme, le travail d'écriture m'a aidé. Des mots pour apaiser des maux, pour panser mes blessures, atténuer mes doutes. Et c'est en premier à travers l'écriture d'un journal intime que l'aventure a commencé et qu'au fil du temps j'avais de plus en plus besoin d'écrire, de me livrer. Sur des petits carnets d'écoliers, que je gardais secrets, des flots de mots, des traces laissées la plupart du temps au stylo encre, car j'apprécie beaucoup la calligraphie que laisse la plume, mon existence s'étalait... Et d'ailleurs depuis le décès de mon papa, j'ai gardé son stylo auquel il tenait tant, car ma maman le lui avait offert. Il m'arrive encore parfois de l'utiliser pour écrire, avec beaucoup d'affection ; j'ai l'impression alors que l'inspiration est plus présente, plus riche. De l'au-delà, il me guide toujours et encore.

Puis peu à peu, les poèmes se sont révélés comme des amis, un besoin d'apprécier la musicalité des rimes, de trouver des accords entre les mots : écrire des poèmes pour laisser exploser parfois mes angoisses, mes désirs ; puis aussi écrire pour les autres, pour les êtres que l'on côtoie sur son chemin, pour ceux que l'on aime.

Sans doute est-ce le patrimoine génétique paternel, qui m'a insufflé ce désir, cet appétit parfois insatiable d'écrire ? Mon papa, généraliste à Marseille, a toujours apprécié la littérature et la poésie, avec un don pour transcender les émotions à travers les mots. Tout au long de son existence, l'écriture lui a permis de sortir de la dure réalité de sa vocation de médecin. Il n'en parlait pas toujours, mais au long de sa vie, il en a accompagné des patients, des amis, des êtres chers, sur le dur chemin de l'acceptation de la maladie. Et je pense que l'écriture devait être aussi une échappatoire. Des poèmes, il en a écrit pour toute la famille, les amis ; nous en avons quelques traces, mais peut-être pas tout son héritage.

C'est aussi de son oncle Paul, le frère de son papa Pierre, qu'il tenait ce don, un extraordinaire cadeau ; il a grandi dans cet univers de l'écriture et des émotions. Mon grand-oncle était prêtre, un orateur fabuleux dans ses prêches et doué pour jongler avec les mots et les rimes.

Aujourd'hui, c'est notre fils cadet Grégory qui a hérité de la plume de son grand-père et arrière-grand-oncle. Le voyage poétique continue en famille.

J'ai commencé à écrire au moment de l'adolescence, le temps où l'on se cherche, où l'on doute, où les angoisses nous traversent, face à l'avenir incertain.
L'inspiration, je l'ai puisée à travers divers grands thèmes de la vie. De l'adolescence, au temps qui passe, qui s'enfuit et nous emporte, à la recherche du bonheur, jusqu'à la spiritualité, peu à peu mon écriture s'est tournée vers les autres ; et j'ai écrit alors pour les amis, pour la famille, pour des occasions particulières. Et comme

mon papa qui était un maître en la matière, j'ai aussi beaucoup aimé travailler autour des acrostiches.

À travers ce projet d'écriture pour mettre en lumière ma poésie, parfois libre, parfois plus structurée, je veux d'abord rendre hommage à ma famille, l'essence même de ma personne.

L'écriture est un acte libérateur, et parfois thérapeutique. La nuit, favorable souvent à l'inspiration, libère les idées et, face aux insomnies nocturnes, les mots sont lâchés. Mais il arrivait qu'au petit matin, le souffle poétique n'était plus là et que tout s'était évaporé. Alors quand je savais que j'étais dans un état d'écriture, je prévoyais de mettre sur ma table de chevet un petit cahier et un stylo pour y recueillir les mots.

Aujourd'hui, à l'ère du numérique, des réseaux sociaux, des portables, où les textos remplacent les petits mots et bafouent parfois la grammaire, l'orthographe et la syntaxe – sans parler de la ponctuation – à l'heure où les échanges se font via le net ou même les rencontres se font virtuelles parce que peut-être on ne prend plus le temps de se rencontrer, la poésie peut paraître désuète. Trouve-t-elle encore sa place dans ce monde où la douceur des émotions s'évapore ?

Est-ce un acte de bravoure que d'oser dire que l'on apprécie la magie des mots, que l'on aime écrire, même une simple carte postale, puisque l'outil numérique a remplacé le stylo plume ? Et faisant cette démarche de réunir tous mes poèmes dans un recueil, est-ce aussi un acte démesuré qui n'est plus de ce temps ?

J'ai été bercée par la lecture de grands poètes, les mêmes goûts que mon papa pour Victor Hugo, Verlaine, Baudelaire, Alfred de Musset et bien d'autres encore. Parfois, à travers mes lectures, enivrée par les mots, je rêvais que je les avais écrits. Que de frissons, d'émotions dans ces moments-là, de petites larmes versées ; la musique des mots m'envoûtant et me plongeant dans un voyage savoureux.

À présent, avec cette invitation à vouloir révéler, oser mettre au grand jour mes écrits, un sentiment de honte, d'inquiétude et à la fois d'allégresse me hante et m'obsède. Suis-je capable d'aller jusqu'au bout ? Tous ces textes, ces poèmes composés au fil des années, perdus parfois dans l'errance du temps, ces tournures peut-être maladroites, ces idées confuses que seul son auteur peut comprendre, peuvent-ils encore trouver un simple intérêt, un attrait, dans notre société !
Mais je me lance ; la poésie pour réinventer et me reconstruire.

Dans ce recueil, je rassemble plusieurs chapitres autour de la famille, de ma tendre moitié, de mes enfants, de l'amitié, de l'amour, du temps, de l'école, des questions existentielles et à travers les saisons et les voyages pour réunir en partie mes poèmes et quelques textes en prose.

« Car c'est par l'écriture que l'on pénètre le mieux les gens. La parole éblouit et trompe parce qu'elle est mimée par le visage, parce qu'on la voit sortir des lèvres et que les lèvres plaisent et que les yeux séduisent. Mais les mots noirs sur le papier blanc, c'est l'âme toute nue. »
Guy de Maupassant

Voici ni fleurs, ni roses
Mais quelques mots épars
Simples vers que je pose
Sans trompette ni fard
Question qui s'abandonne
Réponse qui étonne… ?!

I Au fil du temps

« Ô temps ! suspends ton vol,
et vous heures propices
Suspendez votre cours ;
Laissez-nous savourer les rapides délices
Des plus beaux de nos jours !
…
Mais je demande en vain quelques moments encore,
Le temps m'échappe et fuit ;
Je dis à cette nuit : Sois plus lente ; et l'aurore
Va dissiper la nuit.
…
L'homme n'a point de port,
le temps n'a point de rive ;
Il coule et nous passons ! »

Alphonse de Lamartine

Qu'est-ce que le temps, ces années, ces mois et ces saisons, ces jours, ces heures, ces minutes, ces secondes ?
Le temps, c'est cette durée objective que l'on mesure sur une montre, une horloge qui rythme les journées et les événements de notre vie.
Mais pour moi, c'est beaucoup plus que ce mouvement. C'est ce temps subjectif, qui peut être court quand tout

va bien et nous sourit, mais qui semble si long, dans la solitude, la tristesse et la morosité de certains jours.

La question du temps interpelle et interroge toujours. C'est ce temps cruel, qui s'enfuit aussi vite que le vent, comme court le fil de l'eau qui nous happe au passage et nous laisse démunis. Et une fois qu'il file, on l'a perdu, on ne peut le retenir.

Nous ne pouvons le maîtriser, le contrôler, nous ne pouvons que le voir nous échapper.

Le temps, c'est aussi l'écrin de la mémoire, le souvenir d'hier, douloureux parfois que l'on ne peut rattraper, mais simplement refaire vivre. C'est la porte qui se referme !

Le temps, c'est aujourd'hui, ce présent que l'on essaie de vivre intensément ; c'est cette porte entrouverte entre hier et demain !

Le temps c'est encore demain avec l'angoisse du futur, les doutes qui nous assaillent. C'est une porte qui s'ouvre dans l'ignorance de l'avenir.

Et même si le temps nous terrasse, nous blesse parfois, prenons le temps de vivre, de l'accueillir et d'apprécier la beauté de chaque jour.

« Cessez de vous demander ce que le futur vous réserve et prenez comme un cadeau ce que la journée vous apporte » Horace

Invitation au bonheur

Voyage dans le temps
Jusqu'au-delà des âges
Comme une belle image
Le bonheur nous surprend.
Afin de mieux te voir
Afin de mieux t'apprendre
Je cherche à te comprendre.
Dans les ombres du soir
Il me semble t'entendre
Dans la clarté de ton silence
Le vent souffle l'absence.
Mais qui ne peut s'éprendre !
C'est dans l'onde profonde
Que je crois te saisir
Ce ne sont qu'illusions et désirs
En vain, mon regard sonde.

Seule, avec le désespoir
Il ne reste qu'une ombre
Mais sa présence sombre
Et s'efface dans le miroir.

C'est dans ce champ de fleurs
Que je peux te sentir
Et je crois te cueillir.

Je te touche du cœur
Je crois t'appartenir
À nouveau tu t'enfuis
Et me quittes sans bruit !
Je veux te retenir.

Échappée de ce temps
À qui nul ne résiste.
Et pourtant tu existes
Bonheur d'un seul instant.

Dérives du temps

J'avais souvent rêvé dans la douce quiétude
Sous la voûte mystérieuse des soirs d'été
Que le ciel sur ses vastes incertitudes
Briserait le silence et révélerait ses vérités.
J'avais imaginé, parfois mélancolique
Que le temps porté au sommet de sa vague
Arrêterait sa course dans l'univers cosmique
Ballotté à tout vent, où l'âme esseulée divague.

Ma voix pleure, et le temps m'engouffre et s'envole.
Dans le tourment secret de ma tempête infime
Prisonnière du mystère, ma prière s'étiole…
Au plus fort de l'orage, je réalise, victime
Que le temps nous résiste ; il n'y a pas de trêve.
Comme un bouquet champêtre
Mille étoiles respirent.
Mais tout s'écroule, jusqu'aux portes de mes rêves
Chassant les désirs et mon cœur qui chavire…

Le temps à travers les années

Le rythme lent du temps
Mesures à contretemps
Bat jour et nuit
Sans l'ombre d'un tourment
Nous entraînant sans retour.

Variant le tempo
À la cadence du destin
Allegro, fortissimo
À la lueur des beaux matins
Il nous enchaîne certains soirs
Dans le doute et le désespoir.

Ainsi court le temps
Qui jamais ne s'arrête
Et nous laisse en quête
Encore et toujours.

De dizaine en dizaine
C'est le temps qui nous traîne
Les années qui s'égrènent
Et le vent se déchaîne…

Jusqu'où nous mèneras-tu
Toi qui te tais et nous tues ?

Aujourd'hui six dizaines
Qu'espérer pour demain ?
Beaucoup de joies parmi les peines
Plein de chansons et de refrains
Qui chantent comme une ritournelle
La beauté de la vie qui chaque jour se renouvelle.

Anne-Sophie

A l'aurore ténue de ce nouveau printemps

Nostalgiques, rebelles, s'égrènent dans le temps

Nichées comme un trésor, les dizaines enlacées

Ecloses dans l'espace infini du rythme cadencé.

Silencieuses, sournoises, s'envolent les années mais
                                                          ce matin
Oublie les orages du temps danse alors avec ton destin

Plonge dans l'univers des âges et la sagesse en héritage

Héberge dans ton cœur, écrin de la mémoire

Inoubliables, les heures délectables de ton histoire.

Et cueille, ces fleurs d'été à travers d'autres paysages.

Douces nostalgies

Un départ, ce n'est qu'un au revoir !
Ancrés au cœur de la mémoire
Les jours racontent leur histoire
Après les couleurs, un instant dans le noir.

Sourires d'autrefois et clichés
Dansent en farandole et demeurent.
Les sentiments se taisent, mais ne meurent
Et la tristesse reste cachée…
Secrètes, les fleurs d'oubli qui blessent
S'abandonnent au rythme des saisons
Et le temps étale à l'horizon
Des cieux pleins de promesses.
L'amitié au vent d'été, fredonne
Son chant doux et mélancolique
Caresse l'air du temps nostalgique
Et renaît dans nos vies qui résonnent.

Le temps

Seule devant ma glace
Je vois les gens qui passent
Des regrets et des peurs
Des doutes avec douleur.

Le temps s'enfuit et trépasse
Alors s'installe le vide dans l'espace
Et ce trop lourd silence
Qui m'envahit avec constance.

L'avenir inlassablement me bouscule
J'avance puis, impuissante, recule
Seule dans l'abîme, je me retrouve victime
De ce temps qui m'étreint et m'abîme.

Je voudrais, mais ne peux ; je m'essouffle.
Dans la pénombre, mes incertitudes, je camoufle
Mais le passé me retient et je m'engouffre
L'avenir angoisse, l'inquiétude me hante et je souffre.

Les secondes et les heures qui s'échappent
Me rattrapent ; et au passage me happent.
De l'inconnu, et dans ma solitude, je crains l'absence
Les souvenirs dansent et me lient ; je suis en transe.

J'attends alors que l'avenir m'apaise
Que les pensées sombres se taisent.
Je respire ; verrai-je cette lumière
Pour ne plus rester prisonnière ?

Au bout du tunnel qui m'aspire
Du temps qui me tire et m'enchaîne
Briser toutes les chaînes
Pour vivre, espérer et sourire.

Sortir libre et sereine de ce combat
À demain, ouvrir grands les bras
Puiser dans les souvenirs d'autrefois ; et cueillir
Avec confiance et allégresse, les surprises à venir.

Oh temps cruel !

Oh temps mystérieux
qui nous manque souvent de respect,
Nous malmène à travers les saisons
dans tes méandres capricieux,
Nous enlace, nous étreint parfois
dans des havres de paix,
Que livres-tu alors
de tes secrets intimes et malicieux ?

Pas à pas, hésitant, on savoure sur le chemin
Qui trace, les jours heureux qui nous échappent.
Et par peur de les perdre
dans l'absence de lendemain
On court inlassablement après toi
qui fuit et nous happe.

Jusqu'où iras-tu avec nous ? Dans quelle danse
nous mèneras-tu,
dans ta cadence au bout du temps ?
Nous laisseras-tu longtemps dans ce silence,
cette ignorance ?

Dans l'absence d'un hiver froid,
d'un sublime printemps
C'est avec toi avec confiance,

que j'ose et lentement avance
Bafouant avec impertinence,
ce trop peu dérisoire, un instant !

II Balades

« Les saisons sont ce qu'une symphonie devrait être : quatre mouvements parfaits en harmonie intime, les uns avec les autres. »

Arthur Rubinstein

Comme beaucoup de poètes, les saisons ont aussi inspiré des musiciens. Vivaldi, avec beaucoup d'émotions, à travers « Les Quatre saisons », évoque le rythme de ce temps qui, au fil des mois, s'écoule plus ou moins lentement. À chaque saison, il apporte des touches nuancées et décline les différents attributs de ces périodes. Vivaldi, d'ailleurs, outre son œuvre musicale avec ses quatre concertos pour violon, a écrit des sonnets pour chacune de ces saisons définissant sa façon d'accueillir ce temps qui passe, se transforme et évolue. C'est un voyage à travers la nature, les paysages et les éléments, des mélodies qui nous font basculer dans la brume, les orages ou nous réveillent à la chaleur des rayons du soleil.

Nous vibrons, nous aussi, à tous ces mouvements qui peuvent, selon le cas, agir sur notre humeur, nos états d'âme, notre comportement, face aux épisodes de notre existence. J'appréhende souvent la vie différemment face aux variations du temps qui me fait voyager autrement s'il est gris ou si le soleil sourit. Je suis sensible à ces changements climatiques, cette nature qui prend un autre visage. Le printemps reste ma saison préférée, même si j'aime beaucoup l'automne avec ses couleurs chaudes et chatoyantes, sa douceur de vivre après la chaleur parfois intense de l'été. Mais elle m'entraîne dans la froidure de l'hiver, avec tous les jours qui raccourcissent et nous enferment dans nos chaumières. C'est l'arrivée de la neige, belle sur les montagnes, mais bien moins agréable quand il faut se déplacer. Ce sont ces jours plus courts et cette nuit qui s'installe, plus longue, plus triste, qui nous enveloppent parfois dans des idées sombres.

Le printemps, c'est cette période qui nous rappelle qu'après l'hiver tout reprend vie, et plus encore dans l'espérance qu'après la mort, une existence nous attend peut-être. J'apprécie ces jours qui rallongent, cette douce lumière qui commence à réchauffer la terre et, dans le jardin, pouvoir s'émerveiller de chaque petite pousse. Tout me semble plus doux et ravive l'espoir et l'envie dans les cœurs. C'est la petite brise qui murmure qu'à travers ce renouveau, on peut croire que tout ira mieux.

À travers les saisons, ce sont les événements de la vie, les anniversaires, les rencontres, les fêtes, des moments lumineux, peut-être parfois plus sombres, mais qui rythment et cadencent le mouvement de notre vie, un équilibre en accord majeur. Comme les saisons qui se succèdent et changent, notre vie est un perpétuel mouvement, un bouleversement. Il faut alors admettre comme une évidence que l'existence n'est pas stable, immuable, et accepter que vivre c'est s'adapter et s'accorder avec confiance au temps, aux différents éléments qui surviennent et nous dépassent parfois, car on ne peut rien y faire.

« Vivre c'est changer. Voilà le sens que les saisons nous enseignent »

Paulo Coello

À travers les saisons

Le printemps

Printemps, printemps
Avec toi c'est la vie
Qui chante et qui rit
Une ritournelle dans le temps
Après ce long silence
Et cette nuit sans fin.
C'est comme une naissance
Une percée sur demain.
Les bourgeons sont éclos
Les oiseaux nous égayent
Et l'enfant qui s'éveille
Cherche ses premiers mots.
Les rivières murmurent
La brise bat la mesure
Et comme une lente déchirure
Sous les vertes ramures
De ce printemps qui vibre
Je souris à nouveau
À ce monde si beau
Qui ne demande plus qu'à vivre.

Enfant, innocence
Printemps renaissance
Deux mots qui riment
À battre la déprime.

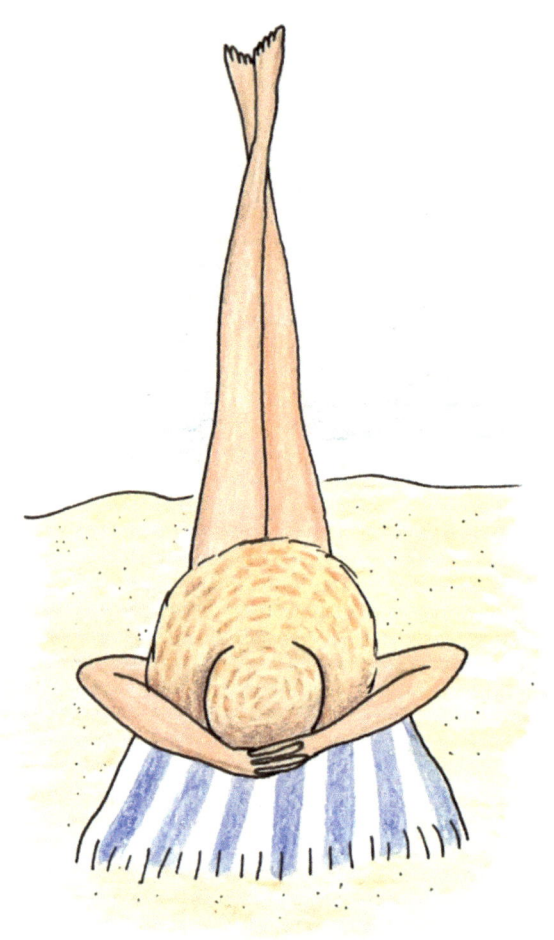

L'été

Été, belle source de chaleur
Toutes en chœur chantent les fleurs.
C'est leur sens que tu éveilles
Et leur parfum, tout en sommeil
Qu'à la lumière et au soleil
Et la nature tout en réveil
Tu exposes avec merveille.
Et par-delà les champs
Courent et dansent les enfants
Qui en cet été enivrant
Vont à pas lents
Sur le chemin d'adolescence
Où volent leurs rêves d'insouciance.
Volent, butinent les papillons
Voltigent leurs âmes folles.
Un Nouveau Monde se construit
Encore plus beau qu'aujourd'hui.

L'automne

C'est l'âge mûr et sûr
Qui vient abattre tous les murs.
Le vent te fait ployer
Tes feuilles sont prêtes à s'envoler
Mais tu es là, noble foyer
Encore prêt à t'enrôler
À continuer la lutte
Pour rester à ta place
Responsable et adulte
À travers ce temps et l'espace.
Tu t'accroches, l'hiver est loin
Et ce n'est pas encore demain
Où tu quitteras le terrain.
Tu es là encore dans ton coin
Même si tes cheveux blanchissent
Comme tombent les feuilles et jaunissent.

L'hiver

Hiver, avec tes cheveux blancs
Ton grand manteau de neige
Que tu sèmes à tout vent
Je vois comme un manège
Tourner tous les flocons
Et seule dans mon cocon
Moi sur la fin de ma vie
Je te ressemble un peu
Quand dans tes yeux je lis
Ce doux et triste aveu
Tout comme moi
Encore et rien que froid
Fais attendre sans détour
Cette mort lente et sans fin
Qui nous efface de demain
Et nous porte sans refrain
Vers des cieux moins sereins.

Sonnet printanier

Frais et ensoleillé, il charme nos cœurs
D'une mélancolie, d'une beauté extrême.
Gai comme un pinson, coquin, rieur
Il baigne nos cœurs d'une clarté suprême.

Magicien, créateur, un véritable dieu
À l'aurore du jour, petit matin vermeil
D'une lumière de feu, il éclaire les cieux
Et comme un roi, sur l'horizon, il veille.

Il apporte l'amour et nous comble de joie.
Et les oiseaux chantent en une seule voix
Leurs hymnes joyeux en l'honneur de ce roi.

Lorsque la brise monte, mélodieuse, chante
Caresse les corolles de toutes les fleurettes
Tous les hommes en leur cœur sont en fête.

Temps d'automne

C'est l'automne déjà
Qui marche pas à pas ; et las
De tout un été passé
Pose ses fleurs fanées
Et de son long manteau
Nous recouvre le dos.

Que de jours ont souri
Aux charmes éternels
De tous nos jeux cruels.
L'automne a terni
La douceur de ces heures
Et s'en vont tous nos pleurs.

C'est une ritournelle
Qui a chaque aube nouvelle
Engrange les années qui passent
À travers le temps qui trace.
Le rythme infernal
L'instant banal
De cette existence sans fin
Nous terrasse ; mais enfin… !

Noël Noël,
C'est chaque jour !

Noël, Naissance d'un enfant
Qui vient dans chaque cœur
Apporter réconfort et bonheur.
Depuis la nuit des temps
Vient une année de plus
Réunir familles et parents
Devant cet enfant nu
Qui nous aime tant.

Noël, ce n'est pas que ce soir
Noël peut être chaque jour
Noël peut être Fête d'Amour
Quand on sait, même dans le désespoir
Croire à nouveau, espérer
Et toujours aller de l'avant
Sans regarder en arrière avec regret
Mais vers l'avenir en se tournant.

Que Noël soit en tous les cœurs
Que Noël accorde le bonheur
Dans la joie de la venue de l'enfant
Qui nous unit et nous aime tant.

À travers les voyages

« Le voyage est une espèce de porte où l'on sort de la réalité pour pénétrer dans une réalité inexplorée qui semble un rêve. »

Guy de Maupassant

Voyager, c'est ce temps que l'on s'accorde souvent pendant les vacances, pour partir à la rencontre de nouvelles cultures, de paysages différents que l'on côtoie quotidiennement sans parfois y prêter attention. Voyager ce n'est pas toujours partir loin au-delà des frontières, c'est apprécier aussi ce que l'on a tout près de nous.

Mais plus encore, c'est aller au-devant de personnes : car on n'apprend pas que des lieux, mais à travers les rencontres avec les gens.

Se balader au détour d'un sentier perdu, s'émerveiller d'un lever de soleil, admirer les monts enneigés, c'est sortir de notre ordinaire souvent étriqué et ouvrir de nouvelles portes où l'on prend le temps de poser son regard, d'apprécier les richesses du monde.

Quand on ne peut pas faire autrement, à travers nos lectures, nous pouvons naviguer dans des histoires, des contrées, des exploits historiques. Un moment d'évasion pour oublier la réalité et fuir la banalité.

Durant mon enfance et surtout mon adolescence, j'ai eu la chance grâce à mes parents, et surtout ma maman qui aimait beaucoup voyager, de connaître différents pays et régions de France. Mon papa qui avait créé une chorale d'hommes « Les baladins de la Chanson », dans notre belle cité phocéenne de Marseille, avait eu l'idée aussi, outre les différents concerts et partages musicaux avec des chorales italiennes ou allemandes, d'embarquer les chanteurs et leurs familles dans la découverte de plusieurs pays, comme l'Espagne, l'Italie, le Maroc, l'ancienne Yougoslavie, la Grèce et certains départements français. Déjà à travers le chant et les nombreux échanges, nous voyagions un peu, en apprenant de chaque nationalité. Marseille, ville cosmopolite, nous avait certainement insufflé ce goût de partir à la découverte d'autres horizons, d'autres cultures et de nous enrichir de toutes ces diversités.

Alors chaque été, pendant quelques années, et souvent au mois d'août, nous partions dans cette grande aventure. Comme des forains, sur les routes, nous cheminions avec nos caravanes, des tentes pour les plus jeunes. Nous quittions parfois le confort, la sécurité, pour nous implanter même dans des campings de fortune, au bord d'un étang, ou sur une plage au soleil couchant. Comme dans un rêve, nous devenions des explorateurs allant au-devant de mystères. Les plus hardis, avec courage, se hasardaient à parler la langue du pays. Et parfois que de fous rires, lorsque nous ne comprenions pas toujours les échanges. Bien sûr à l'époque, pas de téléphone portable ni de GPS, et il arrivait quelquefois que l'on se perde, mais nous avions le bonheur de découvrir des endroits insolites. Et pour échanger avec la France, la poste restante nous permettait d'avoir des nouvelles de nos proches. Que de souvenirs inoubliables pour les adolescents que nous étions.

Je me souviendrais toujours du dernier voyage avec le groupe, c'était en Grèce. Cette destination demeure illustre, car c'est sur une belle plage grecque que j'ai annoncé à ma maman avec beaucoup d'émotions que je connaissais un jeune homme, celui qui allait devenir mon mari. Puis mon papa, avec beaucoup de sagesse et de conviction, me demandait si je pensais que c'était le bon ! Et c'était une certitude pour moi. Les années ont passé et, en tant qu'épouse, j'ai un peu moins voyagé ; Philippe était plus casanier et, si j'ai pu tout de même le faire sortir de ses pantoufles, j'avais toujours dans un coin de ma tête l'envie de l'emmener en Grèce, ce pays où j'avais révélé à mes parents que j'étais amoureuse et que j'avais trouvé l'homme de ma vie. Et enfin, pour nos quarante ans de mariage, à force de batailler avec beaucoup d'arguments, il n'avait pas résisté à ma demande et nous prenions alors la destination de cette terre hellénique. Malheureusement un an après, les voyages avec mon mari prenaient fin, car le cancer l'avait subitement emporté. Et pourtant, au retour de ce périple il avait ce projet et cette envie d'y retourner ! Alors c'est avec ma sœur jumelle que deux ans plus tard, pour fêter notre retraite, nous repartions en Grèce.

« Rester, c'est exister ; voyager c'est vivre »

Gustave Nadaud

La mer

Au-delà de la mer, aux reflets d'émeraude
Sous le ciel argenté et baigné de lumière
La terre des ancêtres, cette terre d'Hérode
Apparaît brusquement, encerclée de poussière.

Sur la mer écumeuse, onde de blancheur
Comme un fantôme dans la nuit, la barque glisse
Et d'un mouvement gracieux atteint avec douceur
Le rivage ensoleillé, au sable doux et lisse.

Nuits orientales

Dans un ciel inondé d'étoiles
Quand un soir de pleine lune
Sur la plage où s'étalent les dunes
S'avance une femme tout en voiles
La mer s'écrie fort
Et murmure encore
Oh ! Vénus des nuits orientales
Oh ! Déesse des mers méridionales
Sous la fleur d'olivier argenté
Illumine nos cœurs de clarté.

Les murailles d'Avila

Imposantes par leur beauté et leur grandeur
Les murailles d'Avila, village fortifié
Offrent au regard du passant une image de valeur
Et le reflet d'une belle époque passée.

Lorsque tombe le soir sur le petit village
Et qu'envoie le soleil ses derniers rayons sages
L'ombre massive des murs s'évanouit sur le sol
Et en une seule nuée, les nuages s'envolent.

Imposantes, mais tout à la fois gaies, gracieuses
Pour avoir abrité une Sainte pieuse
Avila est une ville des plus précieuses
Joyau de toute l'Espagne glorieuse.

III Méditations

« La vie ce n'est pas d'attendre que l'orage passe, c'est d'apprendre à danser sous la pluie. »

Sénèque

De la naissance jusqu'au trépas, que de questionnements tout au long de l'existence. Cet enchaînement d'interrogations me ronge, m'interpelle, face à des incompréhensions, des vérités que l'on ne connaît pas.
C'est tout un chemin que l'on construit un peu dans le brouillard de l'incertitude et de l'inconnu. Et l'on avance, jour après jour, sans trop savoir où l'on met les pieds, avec des angoisses, des doutes. Face à la vie, à la mort, à l'éternité, à la maladie, l'injustice, la liberté, toute une explosion de questions reste souvent sans réponse et peut inquiéter, terrifier même, et nous laisser sans voix. Cette intrusion dans l'existence, d'où je viens, où je vais, quel sera mon chemin ?
Je crois en quoi, quelle est la Vérité, ma vérité ? Comment discerner le bien du mal, que dire ? Comment faire la part des choses. Est-ce bien ce que je fais ? Comment dissocier dans ma vie les actes de bienveillance et ces gestes qui manquent parfois de tolérance, d'empathie ?

Suis-je assez à l'écoute de l'Autre, est-ce que je lui apporte assez de ma présence, de ma tendresse. Tout ce tourbillon gravite autour de moi et m'habite, sans cesse. La maladie et la mort, pourquoi l'un et pas l'autre ; partis trop tôt, trop jeune ! Quelle angoisse de sentir cette épée de Damoclès sur ma tête et surtout sur celles de tous nos êtres chers ! Quelle est encore la part de chance ou de malchance, de réussite ou d'infortune ? Est-ce le hasard ?…
Il n'est pas facile de cheminer sur sa route toujours sereinement ; mais je crois aux bonnes rencontres, à ces personnes qui nous accompagnent et nous aident à combattre tous ces démons. Il ne faut pas mettre de côté toutes ces interrogations ; mais apprendre à vivre avec. Sommes-nous alors captifs de notre destinée ? Sommes-nous libres de notre sort, peut-on changer le cours des choses ?
Je pense que nous ne pouvons pas toujours transformer certaines données de l'existence, mais que l'on peut rester maître de notre destin. Il est des paramètres incontrôlables ; et même si parfois nous restons prisonniers de ces malheurs, de ces catastrophes, de cette misère, face à l'épreuve, nous avons peut-être une certaine capacité à nous adapter, à accepter ce qu'il arrive.

Le bonheur, à quoi tient-il ? à un presque rien parfois ; comment l'appréhender et vivre. Le bonheur est tout petit, parfois si invisible, mais souvent à côté de nous. Il suffirait de faire plus attention, de regarder de plus près, pour le saisir et le retenir : souffle léger, il est caché, enfoui au plus profond de nous et il faut l'aider à éclore.

Chaque être humain est plein de ressources, un puits inimaginable de volonté, d'énergie au fond de lui qui permet de se dépasser, de réaliser ce qu'il pensait impensable même dans la pire situation et la souffrance la plus triste, la plus terrible.

Face à tous ces pourquoi, nous sommes malheureusement impuissants à donner une réponse et bien démunis.

Alors est-ce que ma philosophie de vie est sage, pour que s'estompent les doutes et prendre de chaque instant ce qu'il y a de meilleur ?

« La vie est un cadeau dont je défais les ficelles chaque matin au réveil »

Christian Bobin

Bonheur perdu

Dis-moi, petite Muse
Qui donc es-tu ?
Toi qui toujours t'amuses…
Dis-moi, petite Muse
Que fais-tu donc
Avec toutes ces ruses ?

Mes rimes
Avec déprime
Je cherche chaque jour.
Et quand par mille détours
Ces quelques tristes vers
Sur les lignes quadrillées
D'un tout petit cahier
Je pose tout à l'envers
Alors tu ris de moi
Et tu me laisses là.

Dis-moi, petite Muse
Où donc te caches-tu
Toi qui refuses…

Dis-moi, petite Muse
Que trouves-tu
Toi qui m'accuses ?

Les mots un à un
Aux autres s'accolent
Pour ne faire plus qu'un
Et mes idées s'envolent…
Je ne sais plus alors
Où court ma pensée
Et je dérive encore
Vers des soirs esseulés.
Puis, tu te joues de moi
Et t'en vas, pas à pas.

Ce soir, petite Muse
Près de toi, je m'excuse
M'aideras-tu ?!
Mes pensées sont diffuses.
Dis-moi petite Muse
Pardonneras-tu
Tous mes écrits qui s'usent
Petite injure, d'une intruse.

Quelques mots

Les mots me quittent
Je voudrais, mais je ne peux !
Mille pensées m'habitent
Mille idées, mais si peu !
De vers en prose
Quelquefois, ici et là
Je pose.
Mais quelque autre chose
Encore, je n'ose…
Muse poète
Petit génie
Fais renaître mes envies
Mets mon cœur en fête.
À nouveau propose
De moi dispose
Et alors encore
J'oserai
D'autres décors
J'écrirai…

L'enfant

Du plus profond de l'eau
Qu'est l'antre de ta mère
C'est ta vie que tu puises
Et l'avenir que tu bâtis.
À chaque naissance
Renaît le printemps
C'est l'hiver qui s'enfuit
Après un long silence
Et une nuit d'attente.
Et c'est ainsi que le cours de la vie
Sans jamais même se lasser
Voit le printemps chasser l'hiver
Et l'enfant qui vient
S'en aller le vieillard.

Alors que tu nais à la vie
Un homme va disparaître.
C'est, dit-on, l'équilibre de la nature.
Le nouveau-né est attendu, souhaité
Ou peut-être ni l'un ni l'autre.
L'aimera-t-on autant
Que l'homme trépassé ?!
Seul l'avenir en sera juge !
Du chaud et douillet nid
Que fut le ventre de ta mère

Tu fais ta remontée.
C'est comme une lente déchirure
Un combat infini
Entre la mort et la vie
Pour accueillir au passage
L'Existence…
Avec tous ses messages.

Petit oiseau d'aujourd'hui
Tu quittes ce puits d'amour
Qui le jour t'a donné
Et peu à peu, ton envolée tu prends.
Au fil du temps qui passe
Les étapes successives
T'amèneront un jour
À ta vie d'homme.
Mais garde comme un secret
Comme une alliée peut-être
De ces tendres années
Qu'on nomme enfance
La folle innocence
Qui donne vie aux rêves
Les plus fous
Et toute la joie de l'insouciance
Qui nous donne d'aimer
Avec confiance et sans limites.

L'Adolescence

Seule, avec la naïveté de son âge
Seule entre deux mondes différents
Celui des enfants et celui des parents
L'adolescence s'écoule avec ravage.
Trop vieille pour ne pas comprendre
Trop jeune pour déjà s'éprendre
Elle subit les contrecoups
De ces deux mondes fous.
Folle d'imagination, de rêves indéfinis
L'adolescence court sur le chemin de l'évasion
Et découvre avec le mystérieux des visions
L'amour passionné des enfants indécis.
Méprisante, déchaînée et parfois même infâme
Avec la candeur infernale de son jeune âge
L'adolescence sourit, pleure, fait du tapage
Et s'apaise doucement dans l'inconscient de son âme.

Promenade Nocturne

Nuit froide, où mille ombres sommeillent
C'est comme une danse où valsent
Senteurs et visions, peurs et extases…
Je suis comme une proie
De tes bras prisonnière.
Sombre nuit d'été, chaude et troublante
Jardin de rêves, tout encore inconnu
Trésors cachés, monde enchanté
des mille et une nuits.
Je cueille sous mes pas des bouquets étoilés
Et dans le champ astral, de ton grand ciel velouté
Mes yeux éblouis plongent pour lire messages
et présages.
Nuit pâle des grands soirs
C'est tout un théâtre qui se joue devant moi,
spectateur inédit
Ombres chinoises, tableaux de Picasso
Scènes imaginaires, combats multiples…
Tout un monde imagé qui rit de moi
et de mon imagination.
Je promène mon regard qui s'arrête et s'égare
Scénarios imaginaires, décor changeant
Tel un écran cinématographique !
Seul, le matin naissant, la brume lèvera son rideau
Sur la scène de ce pays de minuit

Pour donner vérité, et réalité au monde
Que dans sa ronde la nuit embellit
Ou enlaidit à volonté,
transformant le cours des choses.

Le vide

C'est le vide, et pourquoi ?
Cette question sans voix…
Ces réponses attendues
Mais qui nous trouvent nus.
Devant des incertitudes absolues
Et des doutes qui pleurent
Nous restons sourds et muets
L'existence se meurt
Et semble nous provoquer…
Ivres et impuissants cependant
Nous regardons le temps passer
Et les jours s'enlacer
Mais sans bouger pourtant.

Dialogue des cœurs

À chaque aube nouvelle, quand l'aurore s'habille
De soleil et de vent, et que pointe le jour
Sur le char de l'azur monte comme un bonjour
L'espérance nouvelle, d'une paix qui scintille.

Sur les chemins fleuris des roses du bonheur
Bâtisseurs de paix et semeurs d'amour
Nous bâtirons ensemble, une cité d'honneur
Où les hommes, unis, pourront vivre toujours.
Sur les routes invisibles, en nous tenant la main
Nous irons promener et chanter nos refrains
Cueillir chaque matin, la rose de Pavie
Et puiser à la source le secret de la Vie.

Et le soir, fatigués, sous le dôme voûté
Des arbres penchés, nous irons nous étendre.
À l'écoute des cœurs, face à l'éternité
Nos larmes et nos joies, nous irons épandre.
Nous nous endormirons en rêvant que demain
Dans le clair velouté d'un beau matin d'été
Porteur d'un doux message, éclatera la vérité
Symbole de l'amitié et d'heureux lendemains.

Chaque nuit étoilée, où s'enflent les saveurs
Le silence impalpable dialogue avec les cœurs
Et sans cesse renaît, l'espérance nouvelle
D'une paix jaillissante et toujours éternelle.

Songes

Je voudrais arrêter cette course du temps
Pour un jour, une nuit, un instant simplement
Apprendre à regarder, à vivre pleinement
Les choses de la vie et les heureux moments.
Dans la tiédeur accrue d'un crépuscule d'or
Sous le ciel étoilé, ivre de passions
C'est un appel secret, de désirs, d'évasion
Je porte tous mes pas vers un autre décor.
Et j'ouvre grands les yeux, la nuit est bientôt là.
Dans ce jardin de rêve tout encore inconnu
Toute seule je me trouve perdue et comme nue.
À la fois, je suis moi et je ne suis plus moi.
L'insouciance folle de tous ces délices
M'enivre, me charme ; et l'ombre d'un instant
Lentement je dérive, et peu à peu me glisse
Vers ce monde enchanteur de la nuit seulement.

Recherches

Dis-moi Jésus
Comment te prier ?
Comment te parler ?
Comment apprendre à pardonner ?
Vers toi s'abandonner !
Dis-moi Jésus…

Sur la route qui me conduit
Chaque jour, chaque nuit
Mes pas se heurtent sans avenir…
Entre le bien et le mal
Quel dilemme infernal !
Lequel des deux choisir ?

Mon cœur hésite
Parce que je doute
Sur mon chemin en déroute
Mon cœur hésite.

Et je te cherche
Et je me cherche…
Seule dans mon inquiétude
Triste dans ma solitude
En mal de savoir
En quête de devoir.

Vers épars

Soleils bleus
Des jours heureux
Soleils noirs
Des jours sans espoir…
Mon cœur chante
Et déchante
Ni d'ennuis, ni d'envies
Mais je me sens anéantie.
Et pèsent sur moi sans doute
Ces angoisses qui déroutent
Ces peurs inexpliquées
Cette question insensée !

Que de pourquoi
Que de comment
Se posent à moi
Sans jamais vraiment
Trouver la vérité
Qui me ferait exister…

Un soir en solitaire

Quand je m'épanche longuement
Sur le passé qui fuit si vaguement
Sur l'avenir qui mollement
S'évente et crie désespérément
Je cherche alors pourquoi
Tant de doutes en moi
Tant de questions sans voix !
Et de jours loin de toi…

Alors le présent passe, et trace
Il nous presse, nous enlace
Et le temps, témoin solitaire
Nous emporte dans sa chimère.
Et quand la distance cœur
Détruit dans l'espace ce bonheur
Tout bascule, tout chavire
Et embarquée dans le navire
Le monde tourne à l'envers
Des remous, des orages ; tout va de travers.

Des petits matins

Il est des petits matins
De ces petits matins chagrins
Où l'on ne voudrait rien
S'enfuir loin du quotidien.
Et enfouie au fond de son lit
Sous la douceur de la couette, ensevelie
Comme dans le plus noir des cachots
Rester encore et encore bien au chaud !
Retenir la chaleur que l'on ne trouve pas dehors.
Prolonger ce moment exquis dans ce décor.

Puis affronter la vie, sur ce jour qui se lève.
Abandonner cette nuit qui s'achève et ses doux rêves.
Tirer le rideau sur la scène, éteindre les étoiles
Accueillir un nouveau ciel et ce soleil qui se dévoile.
Chasser les méandres de ce temps capricieux
Et par magie, dévier tous ses tours malicieux.
Sur le chemin qui se dessine et pas à pas se révèle
De notre vie restons le seul gardien fidèle.
Avec bonheur cueillir ces heures cruelles
dans la lumière
Et vivre, vivre avec rage ;
abattre de l'inconnu les frontières.
La vie, comme un piano
avec ses touches blanches et noires

Invente et écrit chaque jour
la mélodie de notre histoire.
Ces notes mélangées, chantent en parfaite harmonie
Et jouent sur la portée de l'existence
une belle symphonie.
Cette romance variant le tempo
mouvement incertain
De cette aubade de la vie, illustre alors notre destin.
Soudain, en secret, s'élève une simple prière
Un souffle nouveau chassant la poussière.
Et moi, l'acteur de ma vie
l'humble et pauvre comédien
De cette audacieuse aventure
je veux en être le magicien.

IV L'Amitié

« Un ami c'est celui qui devine toujours quand on a besoin de lui. »

Jules Renard

À mes amis d'un jour, de toujours, des bons moments, des mauvais jours.

Il est des rencontres que l'on ne soupçonne pas, qui surviennent par hasard. Mais peut-être que cela n'arrive pas sans raison et que c'était écrit !
Est-ce alors le destin ? Un moment inscrit dans le temps !
L'ami, c'est ce petit ange qui surgit parfois au moment où l'on s'y attend le moins. Une alchimie, une attirance que l'on ne comprend pas toujours, qui ne s'expliquent pas.
Ce sont ces personnes que l'on croise sur notre chemin de vie à des périodes différentes et qui marquent notre existence.
L'amitié est ce sentiment partagé qui accepte tout, qui comprend, ne juge pas, qui dure malgré le temps et la distance et demeure à jamais.

Dans les épreuves douloureuses, l'amitié est encore plus présente que dans les bons moments. Elle nous rassure, nous apaise, nous écoute, nous redonne espoir.

Avec humour, elle nous tire vers le haut, nous fait sourire et surtout ne demande rien en retour. Elle s'inquiète et nous aide à avancer plus sereinement sur ce chemin escarpé.

Mais comme un beau jardin, l'amitié se cultive pour récolter d'autres belles fleurs de sentiments partagés et de bonheur. C'est un échange inconditionnel.

Lors des obsèques de mon mari, ma collègue de CP, dans un très bel hommage, avait mis en avant toutes les tâches que ma moitié effectuait pour m'accompagner dans mon rôle d'enseignante.

« Philippe, c'était « la petite main » qui te donnait la main, une main fidèle, loyale et patiente… Tous ces gestes portés avec amour, ces allées et venues à l'école… Merci à vous deux. Aujourd'hui, tu n'as plus ta tendre moitié, mais sache, Brigitte, que cette main t'accompagne pour toujours, même si pour l'heure c'est le chagrin vertigineux de la séparation qui domine… Nous sommes là pour toi, l'École Sainte Thérèse, pour te tendre la main encore et toujours si tu en as besoin… »

Tous ces mots, révélateurs en toute amitié me disant : « Si tu as besoin, n'hésite pas, appelle au secours ! » J'ai alors compris qu'il fallait oser demander et que le véritable ami ne nous juge pas, il est juste là au bon moment.

Des petits cailloux, ces pierres précieuses semées sur notre route, comme sur le chemin du petit Poucet, nous guident pour ne pas se perdre dans l'errance de la vie et nous indiquent la bonne direction.

« Les amis sont des compagnons de voyage
qui nous aident à avancer sur le chemin
d'une vie plus heureuse. »

Pythagore

Meffre

Marie-France, Marie, Meffre

Au vent d'automne, les feuilles tombent et s'envolent

Ronde infernale des saisons qui nous entraînent.

Irrésistiblement, le temps s'égrène et nous enchaîne

Et les années, une à une caracolent.

Folle danse endiablée sur la portée de l'existence

Rythme changeant à la cadence du destin

Adagio à la vie, accueille chaque matin

Nuancés aux accents de ton cœur, les refrains
                                                        les silences.
Comme un accord majeur et tout en harmonie

Ecoute aujourd'hui, les notes de la vie
                                                        toute une symphonie.

Véronique

« De deux choses lune
L'autre c'est le soleil… »
Dans le temps en sommeil
Que sourit la fortune

Un départ, ce n'est qu'un au revoir
Ancrés au cœur de la mémoire
Les souvenirs racontent leur histoire
Et se reflètent dans le miroir.

Mais le temps se vit au présent
Bercé par le passé qui meurt
Et l'espoir prometteur.
La vie bat à chaque instant.

Que cet au revoir, soit un nouveau départ
Un souffle permanent dans l'avenir
Même s'il faut un peu mourir
Pour vivre et renaître quelque part.

À Camille, à Karine
À Karine, à Camille

Karine, Camille, Camille, Karine
Sur la portée de l'existence, comme un refrain,
Deux subtiles petites notes divines
Jouent cette partition à quatre mains.

Sur le clavier de notes blanches en notes noires
Partition infinie, le rythme lent du temps,
D'accords en désaccords s'inscrit dans la mémoire
Et marque une pause pour un instant.

Au diapason de l'amitié, nos cœurs à l'unisson
Pour vous deux ce soir réunies, comme un mystère,
S'élève en nos voix toutes mêlées, une chanson
Pour vous chanter nos vœux les plus sincères.

Variant le tempo en parfaite harmonie
Les notes, mesures à contretemps, écrivent l'histoire.
Et le mouvement du destin en une belle symphonie
Grave dans un précieux sillon
ce concerto à votre gloire.

Un demi-siècle

Nul doute, le temps sur son passage
Laisse des traces, des rides, quelques ravages
Mais la vie est trop courte et ce voyage
Doit être vécu pleinement et sans orages.

Aventuriers et voyageurs, prenez donc vos bagages
Continuez sans cesse vers d'autres rivages
Votre chemin de vie, et sans nuage
Profitez chaque jour avec passion et rage.

Emportez avec vous dans votre sillage
Des rêves en floraison, des moments de partage
Et aujourd'hui, du temps ne restez pas otages
Fêtez dignement vos 50 ans, un bel âge !

Avec autour de vous, tout un bel équipage
De parents, et d'amis ; et quel témoignage !
Un chapitre se termine, mais que de pages
Restent encore à écrire ; de nouveaux paysages.

Une rencontre

À quoi ça tient une rencontre, une amitié ?
Au destin, au départ de Philippe sans doute !
Mais un ange bienveillant a croisé ma route
Toi Sophie, pour veiller sur moi, m'accompagner.

Au fil du temps des liens se tissaient
Avec pudeur, délicatesse, on s'apprivoisait
Et c'est naturellement que, sans hésiter,
Une véritable amitié naissait.

Dans les brumes célestes, Philippe sourit
Et chaque jour remercie la providence.
Rassuré de voir que j'avance
Et de cette belle rencontre, tout attendri.

C'est avec ta main dans la mienne
Que sur mon chemin avec moins de peine
Je regarde la vie avec confiance et plus sereine.
J'ose alors croire que le Bonheur revienne.

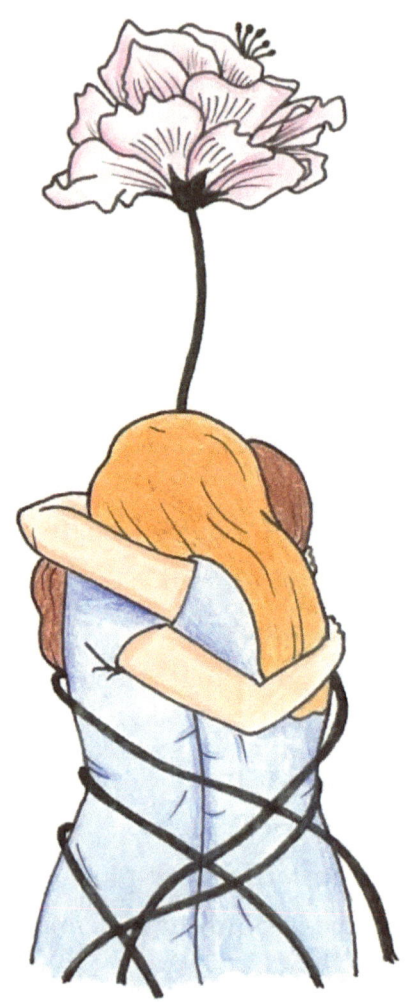

Sophie

Souriante Sophie, inconnue du matin

Opale lumineuse surgie de son écrin.

Petit miracle de Noël, magie des lutins

Hasard d'une rencontre, mystère du destin

Intrépide Sophie, quel bonheur sur mon chemin !

Etoile dans la nuit, merci de me prendre la main.

V Sur le chemin de l'école

« Les maîtres d'école sont des jardiniers en intelligences humaines »

Victor Hugo

L'école, ce lieu où l'on passe du temps, pour apprendre à grandir, à partager, à se construire.
De ces moments en tant qu'élève, je ne garde que peu de souvenirs ; ma mémoire sélective, ne retient que quelques réminiscences, des visages, des noms de certains professeurs qui ont marqué mon existence.
À l'école, ce sont des rencontres, des échanges, avec des pédagogues bienveillants qui nous guident, nous élèvent ; et puis parfois, sur notre chemin, des enseignants moins investis dans leur tâche qui ne donnent pas toujours l'envie d'apprendre.
L'école, c'est aussi l'endroit de l'apprentissage de la sociabilité, des premières amitiés, qui se créent. Les copains, que l'on côtoie et avec qui l'on partage les joies, les peines, et les doutes.
Durant la scolarité de mes enfants, j'ai fait le même constat, tour à tour en tant que maman et enseignante.
Il n'est jamais facile d'intégrer cette institution, avec des règles à assimiler, des personnes à apprendre à connaître

et à respecter. Ce sont des expériences qui peuvent dessiner tout un cheminement de vie.

À l'âge où l'on doit effectuer des choix, décider d'une direction à prendre et à suivre, pour s'orienter dans une voie professionnelle, l'inquiétude et l'incertitude se profilent.

Avec ma sœur jumelle, à l'origine, nous avions envisagé une formation pour devenir assistantes sociales. Puis le hasard a mis sur ma route une autre vision de notre avenir. Une patiente de notre papa nous a insufflé l'idée de rejoindre l'enseignement. Si, au tout début, ce n'était pas réellement un choix, au fil du temps, cette option s'est avérée une véritable vocation.

Avec tous ces petits bambins que j'ai croisés sur ma route, que j'ai accompagnés pendant toutes ces années, avec parfois des doutes, des angoisses, que de moments de bonheur ! Toujours animée d'une même envie de les mener plus loin, de leur permettre de s'élever, d'apprendre et de se relever.

Je n'oublierai jamais toutes ces écoles où j'ai enseigné, mais je garde un attachement particulier pour cette dernière école, l'école Sainte Thérèse, dans la Drôme, où j'ai été professeur des écoles en maternelle. Que d'appréhensions au départ ! Je n'avais jamais eu de classes de maternelle et je n'étais pas très rassurée. Heureusement, mes collègues Camille et Karine étaient bien présentes pour m'épauler, me guider. Que de bons moments vécus, malgré l'anxiété, baignés de temps en temps de nos impuissances, et que de joies partagées : Quelle belle aventure !

Je n'oublierai pas non plus, durant le premier confinement, les échanges avec les collègues pour essayer d'innover et inventer un enseignement à distance. Dans notre triste solitude personnelle, un vent de solidarité s'est levé et a chassé les nuages de doutes et de désespoir. Et nous avons pu alors, avec plus de confiance, réaliser parfois des prodiges, en toute humilité !

Je conserve d'ailleurs le merveilleux souvenir de l'échange à distance avec l'enseignante d'un de mes petits-fils. De Valence à Toulouse, nous avons partagé notre enseignement et, si parfois le moral était en berne, nous avons réussi à trouver les ressources pour aider nos petits bouts à travailler loin de leur maîtresse.

Tous ces derniers épisodes professionnels restent à jamais gravés au plus profond de mon être.

J'espère avoir semé ces petites graines d'amour pour qu'éclosent de belles fleurs. Je souhaite avoir pu transmettre le savoir avec l'intelligence du cœur.

Un ultime hommage à tous ces enseignants qui, avec tendresse, passion, ont su voir en chaque enfant le potentiel d'un élève et, avec confiance, les encourager et ériger un adulte responsable et respectueux. Merci à tous ces enfants qui nous ont aussi donné tant de joie et de satisfaction et qui, avec leur sourire, ont effacé nos peurs, nos incertitudes, et chassé parfois ce découragement et cette lassitude.

« Les enfants ont des ailes,
les maîtresses leur apprennent à voler »

À Liliane
maîtresse de maternelle

Sur le pas de la porte
Contre vents et marées
C'est un sourire qui réconforte
Laissant s'évaporer
Peurs et tourments
Qui planent l'ombre d'un instant.

Dans les petits moments incertains
C'est la chaleur d'une présence
Qui chasse les émois du matin
Un regard avec bienveillance
Les gestes tendres et les mots
Qui apaisent les maux.

C'est la confiance qui prend place
Sur le chemin, la main tendue
Et les chagrins s'effacent.
L'accueil tant attendu
Dans un climat bien protégé
Où l'enfant n'est pas négligé.

C'est à chacun une attention particulière
Ouvrant une meilleure écoute
Qui abat murs et frontières

De l'impossible et du doute
Le calme et la patience
Qui brisent l'impatience.

Dans le temps et l'espace
D'activités variées en festivités
Dans les journées qui passent
Sans la moindre agressivité
Chaque jour, le but se concrétise
Dans les jeux et le travail qui s'harmonisent.

Pour ce labeur de chaque heure
À veiller à toute leur éducation
Pour une attention meilleure
À chacun, portée avec application
Simplement merci avec notre innocence
Et notre cœur empli de souvenirs de notre enfance.

Pour cet amour gratuit à la vie
Pour ce don de soi sans limites
Pour ces étapes et ces marches gravies

Des encouragements, des mots qui nous habitent
Et nous donnent tant d'importance
Notre éternelle et affectueuse reconnaissance.

Marie-Cécile

Merci tout simplement pour ta présence Marie-Cécile.

À l'heure d'une retraite attendue et bien méritée

Regarde droit devant et oublie les moments difficiles.

Imagine déjà des lendemains heureux
                                     des horizons enchantés
Et sur ton chemin, que la vie s'écoule
                                         douce et tranquille.
Ce n'était pas toujours facile de mener ton équipage.

Et tu as su pourtant tenir le cap en bon capitaine

Conciliant les vents contraires jusqu'au bout du voyage.

Infatigable, dynamique, novatrice
                                   dans bien des domaines
La vie à tes côtés n'était pas de tout repos
                                         mais sans orage
Embarquant sur les flots tes matelots
                                         tu es restée sereine.

À Marie-Cécile, ma directrice.
La directrice Marie-Cécile

La directrice ? Mais c'est qui la directrice ?
On la connaît, peut-être pas ; est-ce une actrice ?
Elle endosse plusieurs rôles dans une même journée.
Énergique, innovante, dynamique, toute l'année
Quand elle n'est pas avec ses élèves dans sa classe
Dans l'école, elle s'agite, veille et se déplace.
De droite à gauche, elle court, sans nous voir
On la croise parfois au détour d'un couloir.
Dans le bureau avec notre secrétaire, Nathalie
Elle relève plusieurs défis et règle les conflits.
Elle est là, du matin au soir, toujours présente
Pour nous rappeler à l'ordre ; tendue, exigeante
Déroutante, et parfois moins patiente.
Elle est inquiète, mais presque toujours confiante.
C'est notre directrice, pas une simple passante
Une personne à connaître, droite et attachante.

C'est qui Martine ?

C'est une dame, d'école en école
Elle se déplace, court et vole
Au secours des petits et des grands.
Avec chacun, elle prend du temps.
De classe en classe, elle se promène
Regarde, observe, et ne ménage pas sa peine.
Son regard est aiguisé ; bienveillante
Pour les maîtresses, toujours présente
Elle donne des avis, des conseils avisés.
Elle écoute, rassure et sait nous apaiser.
C'est une maîtresse un peu spéciale, naturelle
Qui donne envie de passer un moment avec elle.
Et chaque élève en herbe, tout juste petit bambin
Voudrait un jour passer entre ses mains.
Elle n'est pas banale, mais passionnée
Une vie pour les autres, une destinée.
Et même si son poste n'a plus d'avenir
C'est une personne que l'on reverra avec plaisir.

Francine

Fière et droite sur ton incroyable monture chaque matin

Responsable et sereine, vers l'école Sainte Thérèse
                                                ton destin
Ambitieuse maîtresse, tu apparais et te donnes
                                                à plein temps.
Ne comptant ni les heures ni les minutes
                                      et jusqu'au soir tombant
Comme une abeille laborieuse
                                    plusieurs rôles tu endosses.
Infatigable, une vie d'enseignante
                                        un véritable sacerdoce.
N'oublie pas toutes ces années où tu as donné
                                            sans compter
Et soit prête aujourd'hui à profiter
                                        d'une retraite méritée.

Une petite école

Nichée entre l'Ardèche et le Vercors
Il est une petite école dans la Drôme
Sainte Thérèse, elle se nomme.
À Bourg-lès-Valence, dans un charmant petit décor.
Derrière de jolies grilles, on peut y apercevoir
Une cour colorée habitée de petits bambins
Qui du matin jusqu'à la tombée du soir,
S'agitent, travaillent avec entrain.
Et tout au bout de cette grande cour si belle,
Un petit havre de paix avec un beau jardin
Le lieu des plus petits, la maternelle
Où d'éphémères lutins tracent leur chemin…
Alors dans ce lieu sacré d'apprentissage
De la langue française
à la compréhension des mathématiques,
Des activités sportives aux arts plastiques,
Chaque jour, les enfants voyagent…
À l'heure où la cloche sonne la retraite
Des souvenirs à foison plein la tête
Remontent inlassablement à la surface,
Mais tout s'engrange et rien ne s'efface.
De ces années, où Maîtresse Brigitte
Comme mes petits élèves sans limite
Me baptisaient avec pudeur mais tendresse

Il ne me reste que des moments de liesse et d'allégresse.
Dans cette petite école où tant d'enfants
Ont défilé, les uns et les autres, tous autant différents
Mais tellement attachants, que d'émotions !
D'échanges, de passion : Toute une vie, une vocation.
Les minutes semblaient parfois des heures
Où les enfants sans cesse nous accaparaient.
Le temps si souvent nous absorbait, nous dévorait,
Mais les journées passaient avec douceur.
Au fil des années, en toute générosité, sincérité
Mes collègues, bienveillantes et à l'écoute,
Partageaient sans jugement nos galères, nos doutes,
Nos impuissances, mais aussi nos victoires
avec simplicité.
Avec tous ces petits bouts, ces êtres en devenir
Qu'on accompagnait chacun sur son chemin
Pour qu'ils puissent grandir vers demain,
Quel bonheur de semer ces petites graines d'avenir.
Leur sourire a effacé nos peurs et nos incertitudes
Leur fraîcheur, leur candeur ont guidé notre route,
Chassé souvent le découragement, la lassitude,
Et contre vents et marées,
les orages qui nous déroutent.
Pour cette vie de partage, ces morceaux de bonheur :
Pour le respect des familles, la confiance donnée,
Cette balade enchantée parfois audacieuse
à travers les années

Un immense Merci avec pudeur,
mais tout l'élan de mon cœur.

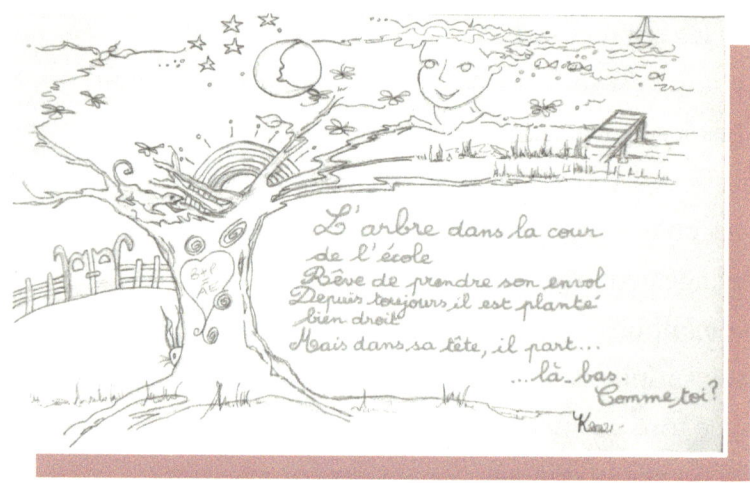

VI Mes plus beaux fruits

« Lorsque l'enfant paraît, le cercle de famille
Applaudit à grands cris. Son doux regard qui brille
Fait briller tous les yeux,
Et les plus tristes fronts, les plus souillés peut-être,
Se dérident soudain à voir l'enfant paraître,
Innocent et joyeux. »

Victor Hugo

À vous tous, mes enfants, les enfants de mes enfants, le fruit de notre Amour avec votre papa, ma lignée, le sang de mon sang.

Le rêve de toute une vie, lorsque l'on rencontre l'Amour, reste sans aucun doute le désir intime de créer une nouvelle famille, au-delà de sa propre famille qui nous a donné la vie.

Dans la Bible, il est écrit : « C'est pourquoi l'homme quittera son père et sa mère et s'attachera à sa femme et ils deviendront une même chair. »

Le voyage continue alors avec vous. Avec pudeur, nous n'avons peut-être pas toujours su dire les mots pour exprimer tout notre Amour et notre Fierté, devant les hommes et la femme que vous êtes devenus. Mais soyez certains que nous sommes comblés.

Nous avons fait de notre mieux pour vous donner tout ce qui pouvait vous permettre de réussir. Nous avons essayé d'être présents dans les bons et les mauvais moments en respectant vos choix, en vous conseillant sans vous juger.

Et nous sommes heureux aujourd'hui de constater que chacun a trouvé sa voie en suivant sa destinée, en fondant sa propre famille, où nous sommes enchantés d'accueillir vos tendres moitiés et vos enfants, ces petits-enfants de sang et de cœur qui continuent la lignée. C'est un grand bonheur.

En ce jour, je suis transportée de bonheur ; malgré vos différences, parfois des opinions diverses, vous restez unis et soudés dans les épreuves, pour passer au-delà de situations douloureuses. Des sentiers sûrement différents, mais une même direction.
Je souhaite que ce dialogue continue toujours en toute harmonie au-delà de l'espace et du temps.

« Vos enfants ne sont pas vos enfants. Ils sont les fils et les filles de l'appel de la vie à elle-même. Ils viennent à travers vous et non de vous. Et bien qu'ils soient avec vous, ils ne vous appartiennent pas. Vous pouvez leur donner votre amour, mais non point vos pensées, car ils ont leurs propres pensées… »

Khalil Gibran

À toi notre tout petit

Petit être qui vit déjà en moi
Qui gazouille tout au fond de moi,
Quel sera donc ton avenir demain ?
Que verras-tu des lendemains ?
Déjà ton papa pense très fort à toi
Et ta maman a peur pour toi.
Petite fille, petit garçon
Emmanuelle ou Sébastien
Sandrine ou Nicolas
Joli petit Poupon,
Dans mes bras, je te tiens.
Je ne te connais pas.
Mais déjà, je peux t'imaginer
Et te mouler comme il me plaît.
Les yeux de ton papa
Je voudrais que tu aies
Qu'en tous points tu lui ressembles
Sans jamais m'en vouloir de l'aimer.
Car je peux te dire déjà
Et tu pourras t'en rendre compte
Que c'est le plus merveilleux papa
Et que ta maman, bien mieux que dans les contes
Très heureuse, il la rend
De tendresse et d'amour l'entourant.
Nous t'attendons donc tous les deux

Il reste encore sept mois.
Et nous sommes très heureux
De bientôt nous retrouver trois.

Sébastien

Des coups de cœur
Et des cris de révolte
Passionné, désinvolte
Tu t'affirmes en douceur.

18 ans…

Le goût de l'existence
Désir de vérité
Et soif de liberté
Tu brises le silence.

18 ans…

Des rêves en floraison
Tu construis l'avenir
Et cueilles avec plaisir
Ta vie à l'horizon…

18 ans…

Il y a quarante ans...

Il y a quarante ans
Naissait notre premier enfant.
Et dans le premier cri exprimé
Le cœur d'une maman était déjà comblé.
Et je te le dis encore aujourd'hui
Tu as vraiment embelli notre Vie.

Quarante années sont déjà passées
Comme un rêve éveillé ; et encore émerveillée
Voilà, quarante années plus tard
Je n'arrive pas à réaliser et à croire
La chance et le bonheur que j'ai
De t'avoir, Toi, notre Fils aimé.

Nous sommes heureux de fêter
En ce jour tes quarante printemps.
Et même si s'évapore lentement le temps
Nous voulons tous ensemble te souhaiter
Un joyeux et merveilleux anniversaire
Avec tous nos vœux les plus sincères.

Espérances d'une maman

Entre la nuit et la lumière
Petite Audrey, petite sœur
Petite fille au nom rêveur
Tu as ouvert les portes du bonheur
Et toutes celles de mon cœur.
Moi, ton grand frère
Qui t'aime déjà tant
Et te protège de tout vent.

C'est par la plume de maman
Qu'en ce beau matin de printemps
Je viens te souhaiter BIENVENUE
Toi, la petite inconnue
Qui tend déjà si bien les mains
Vers ce chemin qui sera ton destin.

Que dire de demain ?
Serons-nous bons copains ?
Du moins, je l'espère bien
Tes jeux seront les miens.
J'ose le croire aujourd'hui
Et que toujours unis
Sur la route qui nous conduit
L'un et l'autre réunis

Sous le soleil ou sous la pluie
Nous puissions trouver appui.

Papa et maman, heureux seront
De voir cette complicité
Et cette douce amitié
Que nous nous témoignerons.
Et de ce petit cercle fermé
Une grande ronde nous formerons
Une jolie petite famille bien soudée
Où joie et bonheur nous trouverons.

Naissance d'Audrey
Sébastien, ton grand frère, par la plume de Maman

Audrey

Un jour, on hésitait, un soir, on t'inventait.

De notre Amour, déjà on t'habitait.

Rêves assouvis et mystère infini

Eclatait alors la promesse accomplie du bonheur

Y gravant à jamais ton nom dans notre cœur.

La magie d'une rencontre
à Audrey et Franck

Quel est ce signe, inconnu du matin,
Le hasard ou cette magie, sur votre chemin ?
Alors une rencontre, à quoi ça tient ?
À je ne sais quoi, peut-être un presque rien !

Qui des deux a fait le premier pas
Dans un silence, un mot murmuré tout bas ?
Qui a osé ouvrir le bal avec innocence
Dans cette mystérieuse danse ?

Est-ce le regard ténébreux du Toulousain,
Entreprenant et audacieux soudain
Ou le sourire de la frêle danseuse
Timide, curieuse et charmeuse !

On ne saura peut-être jamais,
Ce qui reste votre secret désormais !
Mais qu'importe cette douce attirance
Ce sentiment fébrile qui bouscule l'existence.

Sur la piste de danse, dans un pas de deux
Cadencé, endiablé, langoureux,
S'inscrit une chorégraphie sans faux pas majeurs
Votre ballet d'amour rythmé aux accents du Bonheur.

Quand viendra l'enfant ?

Je n'ai pas demandé d'exister.
C'est l'amour de mes parents
Qui pour toute une vie durant
A décidé de m'habiter.

Un jour, on hésitait
Un soir, on m'inventait
De leurs bras m'abritant
Contre ces cœurs battants
Me façonnant à leur image
Comme pour un très long voyage.

Pour quelques instants
Le bonheur exultant
Mon existence était en trêve
Encore un simple rêve.

Et malgré les détresses
L'existence en vieillesse
L'amour sera le plus fort
Et de tous leurs efforts
La Vie adviendra
Peut-être avec MOI ?!

L'enfant viendra

Longtemps, on hésitait
Et voilà que tu existais
Déjà dans nos pensées
Vers Toi, tu nous poussais.

Et maintenant, de jour en jour
S'annonce ta Venue
Toi, l'Inconnu
Conçu de notre Amour.

Ton arrivée est proche
Et encore tu t'accroches
Au creux de mon flanc
Tu cherches ton élan.

Déjà sous notre toit
Tout est fin prêt pour Toi
On te façonne et l'on t'attend
De tous cœurs battants.

Et l'enfant est venu...

Maintenant tu es là !

Et enfin te voilà
Toi, petit Grégory
à qui la vie sourit.
Déjà deux mois
De tes deux bras tendus
Chez nous, tu arrivais.
On t'avait tant rêvé
Te voilà descendu
Dans le monde des hommes
Avec toute une somme
De peines et de joies.
Mais que pour toi
La vie soit douce et clémente
Et chaque jour te chante
Le bonheur et la chance d'être là
Et de vivre au-delà.

Première Communion
Grégory

La joie guide nos pas, et en ce beau matin
Le souffle de l'esprit anime aussi nos cœurs.
Le feu de Pentecôte qui brûle avec ferveur
Ravive le foyer, qui vacille, incertain.

Sur les chemins, les fleurs de Vie, au vent semées
Renaissent par le sacrement de l'Eucharistie.
Et Dieu, dans son Amour, au festin de l'hostie
Te convie en ce jour et te comble à jamais.

Éveillé ce matin, au mystère de l'Amour
Invité et uni au partage du pain
Garde dans un écrin le souvenir serein
D'une rencontre révélée, un appel pour toujours.

Et la foi dans nos cœurs trouve son existence
Libre d'aimer encore ; Disciple de demain
Que la force de Pentecôte, tout au long du chemin
Soutienne tes pas et scelle la confiance.

Grégory

Grégory, merci pour l'homme responsable
                                          que tu es devenu

Reste toujours un peu ce petit garçon curieux
                                          et facétieux

Émerveillé, animé, enjoué et parfois mystérieux.

Garde le cap ; oh ! capitaine, et poursuit
                                      ton voyage dans l'absolu

Oeuvrant alors au bonheur des autres,
                                      si précieux à tes yeux.

Regarde ta vie comme un cadeau merveilleux

Y laissant une étoile de mystère et d'inconnu.

Par pudeur

Il est des mots qu'on voudrait dire
Que l'on voudrait lâcher et ne pas retenir
Qui nous tourmentent et ne peuvent sortir !
Des mots que l'on voudrait secrètement écrire
Que la plume sur le papier ferait éclore,
Mais tout enfouis, ils restent cachés encore...

Alors on se tait et si souvent par pudeur,
Isolé dans notre prison, on ne peut les oublier.
Et de peur de se dévoiler,
on ferme la porte de son cœur.
On se tait ; on reste ainsi poings et mains liés.
On dissimule nos pensées
que l'on voudrait échanger,
Ces mots qu'on aimerait avec bonheur partager.

On cherche alors comment les traduire,
Ces mots du bout des lèvres susurrés,
Que l'on pourrait dire pour séduire
À travers des messages intimes et sacrés.
Mais on continue en silence de chuchoter
Tous ces mots qui cessent de nous habiter.

À chaque instant de notre vie,
on voudrait pourtant les hurler,

Ces "Je t'aime", ces "mercis", ces "pardons",
avec beaucoup d'émoi
Empreints de douceur, de tendresse à demi-révélée.
Et même parfois ces "tu me manques",
"je ne suis pas d'accord", "écoute-moi",
Ou plus encore... L'absence de courage nous taraude,
nous transperce
Et rien de l'intérieur ne surgit pour que la vérité
avec sincérité enfin perce.

Si on savait construire des ponts
pour rejoindre de l'autre côté
Tous ceux que l'on aime, cet autre,
ces passants sur le chemin
On pourrait mieux se comprendre,
avancer en toute sérénité
Abattre les frontières, et vers l'autre, tendre la main.
Les syllabes, les unes aux autres collées,
comme un tour de magie,
S'entremêlent et révèlent
toute une pure et belle liturgie.

Aujourd'hui Virginie et Grégory,
le plus beau des bonheurs
Je vous le souhaite chaque jour,
certes, peut-être avec quelques orages,

Mais sachez rester l'un à l'autre attentifs
et ouvrir sans détour votre cœur.

Oser vous révéler, vous découvrir avec sincérité
dans le dialogue et le partage.

Respecter le jardin secret de chacun
sans que rien ne s'épuise

Et que ce lien si fort qui vous unit en ce jour,
jamais ne se détruise.

À Nicolas

Des quatre coins de France
On attendait ta naissance.
Et par un beau dimanche de janvier
De tes sourires, tu nous émerveillais.

Sous l'étoile des rois mages
Comme un petit enfant bien sage
Tu as soudain surgi de l'ombre
Pour éclairer la douce pénombre.

Petit ange brun, petit ange blond
Aujourd'hui petit nourrisson
À la vie, tu dis « OUI »
Et déjà nous réjouis.

Quel que soit le destin, ton chemin
Pour demain soit confiant
Sans peur du lendemain
Comme un enfant insouciant.

L'amour de tes parents
Tissé autour de ton berceau
Comme un écho résonne.
C'est la vie, un cadeau
Un souffle qui frissonne
Avec nos cœurs aimants.

Célian

Ce n'était encore qu'un rêve

Et déjà dans le cœur de tes parents

La vie s'annonçait, petite sève

Infiniment perdue, dans l'espace et le temps.

Aujourd'hui, c'est un souffle nouveau

Naissance à la vie, à la lumière, merveilleux Cadeau.

Julian

Julian, petit lutin curieux et facétieux

Un regard pailleté des étoiles des cieux

La lumière divine, en ce jour t'habite

Illuminant ton chemin sans limites.

Aujourd'hui, symbole d'Amour et d'Unité

N'éteins jamais en toi cette flamme d'humanité.

Adeline

Adeline, secrète, espiègle, un peu rebelle

Des cheveux longs, blonds comme l'été

Et le regard lointain, inondé de clarté

La jeune fille en toi sommeille, et se révèle.

Indécise, indocile parfois, mais le cœur sur la main

Ne rêve pas ta vie, mais que tes rêves vers demain

Enrichissent tes jours et illuminent ton chemin.

L'espoir est dans demain

Petite fille, petit garçon, qu'importe !
Connaîtrais-je un jour ton doux prénom ?
Je voudrais tant ouvrir ma porte
À Toi, ce petit inconnu, petit ange blond
Caresser ta jolie frimousse
Mais ce matin, j'ai tellement la frousse.

Je voudrais te prendre par la main
Plonger mes yeux dans ton regard de velours
Courir à travers champs, avec toi
aller sur les chemins.
Te raconter des histoires,
te réciter des poèmes d'Amour.
Te dire les mots qui pansent tous les maux
Soigner tes peines et tes blessures avec mes mots.

Aujourd'hui, au creux du ventre de ta maman
Tu cries, tu cries l'envie, et ton désir de vivre.
Et nous tous réunis, de nos cœurs déjà aimants,
Nous voulons voir ton sourire, entendre tes rires.
Ton papa, est, là, bien présent
Sa voix ténue, son souffle retenu,
et son Amour infiniment grand.
Autour de Toi, le temps semble impénétrable
Les secondes deviennent des heures ;

le temps est suspendu.
Mais l'espoir résiste et ma foi est inébranlable.
L'attente est comme une corde tendue.
Ton petit cœur bat à l'unisson des nôtres
Avec l'espérance et la foi des Apôtres.

Au-delà de l'espace et du temps
Dans l'infini cosmos, à travers toute l'éternité,
Avec l'impatience qui lutte maintenant,
Déjà on t'aime et on t'offre cette vérité
Une étoile, encore dans la nuit, sommeille
Mais à l'aurore un petit être s'éveille.

De doutes en certitudes, d'espoirs en désarrois
Cheminent dans ce crépuscule, un signe, un rêve.
Le silence veut briser l'attente ;
et s'envolent nos émois.
En secret on prie, on patiente, et le voile se lève.
Le vide absolu est dans l'angoisse de l'absence
Mais s'invite alors la confiance dans l'existence.

Le destin, inconditionnel, incontrôlable
Mesure la part du mystère et révèle l'extraordinaire.
Et de l'ombre à la lumière,
notre inquiétude encore palpable
S'étiole ; l'éclaircie surgit pour réinventer le vrai
dans l'imaginaire.

Et avec ma tendresse, je veux croire en cet instant que demain,
Demain, c'est Toi, ce cadeau de la vie,
qui nous tendra la main.

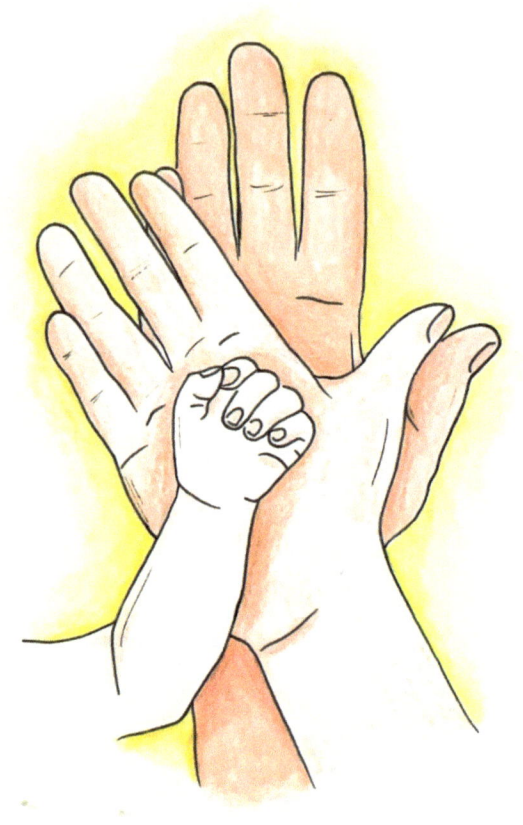

Envolez-vous

Quand vous aurez fini le temps des fleurs
et des chansons
Quand vous aurez appris le sens de toutes choses
Quand vous aurez connu l'amour, le temps des roses
Alors vous quitterez notre maison.

Je sais que les parents doivent rester
Et les enfants veulent partir pour devenir
Il faut alors bien se quitter
Nous ne pouvons vous retenir
Nous sommes du passé
Vous êtes l'Avenir.
Et pour mieux advenir
Il faut savoir un peu s'effacer
Pour à nouveau tout recommencer.

Un jour vous partirez, vous, tous nos enfants
Vers d'autres rivages, vers d'autres horizons
Bien éloignés de notre maison
Laissant nos deux cœurs aimants.

Il ne faudra pas pleurer, crier
Il faudra alors beaucoup prier
Croire, espérer, toujours
À d'autres rencontres d'amour.

VII Ma Famille

« La Famille est comme les branches d'un arbre. Chacun prend des directions différentes, mais les racines sont toujours les mêmes. »

À ma Famille, celle qui m'a donné le jour pour toute une vie durant.

Lorsque l'on vient au monde, c'est l'Amour de nos parents, d'une maman, d'un papa qui nous habite, qui nous donne naissance et nous guide tout au long du chemin.
On ne choisit pas de faire son entrée sur terre, et parfois on subit. C'est vrai que l'on dit « La famille, on ne la choisit pas » ; c'est elle qui nous prend dans ses bras, nous accueille, et qui a décidé un jour de nous donner un prénom pour la vie.
On se construit autour des siens et avec chacun des membres de notre famille. On y puise la richesse du partage et la force d'avancer sur son chemin.
Ma famille est un grand jardin où des jardiniers bienveillants, mes parents, ont semé des graines d'amour et de respect où chacun a trouvé sa place malgré nos différences.
Au fil du temps, le noyau familial éclate et chacun poursuit sa route. La famille ne se détruit pas, elle se trans-

forme. Et l'Amour demeure. Chaque petite branche suit sa propre lumière et gagne de la hauteur, mais les racines bien ancrées au plus profond du temps et des sentiments restent solides et inéluctables.

Si chacun continue son voyage sur des routes distinctes, malgré le temps qui trace, l'éloignement, la distance et même la séparation terrestre, ma Famille est toujours là. Présente, elle me soutient encore aujourd'hui dans les épreuves de l'existence. La famille, c'est cette bulle d'oxygène d'amour et de compréhension où l'on peut puiser force, courage et sérénité.

Je remercie chacun pour ce partage, cette capacité à donner et à nous transporter dans un monde meilleur.

« La force de la Famille réside dans sa capacité à aimer et à apprendre à aimer. »

Pape François

À vous mes chers parents

Il aura fallu vivre le conflit des générations
Et plus encore l'éloignement et les séparations
Pour comprendre en un jour
Et reconnaître pour toujours
Tout l'Amour que l'on a au-dedans
Qui demeure pour vous mes parents.
On aura mis longtemps, parfois bien plus
Pour réaliser l'ampleur de cette réalité
On aura contesté, on se sera battu
Mais découvert qu'on les aime à jamais.

Vingt ans, nous avons mené une vie commune
Parents, frères et sœur mêlés
Vécu les joies les plus simples et vraies
Les conflits de chacun et chacune.
Vous nous avez donné, je crois
Tout ce qu'il nous faut pour réussir
Nous apprenant avec toute votre foi
Qu'il faut avoir confiance en l'avenir.
Aujourd'hui, me voilà une jeune mariée
Et devant cette nouvelle vie
Le bonheur me sourit
Et des jours prochains me dit toute la beauté.

Un amour, tout nouveau
Celui de Philippe, mon mari
Est venu remuer les eaux
Les eaux calmes de ma Vie.

Ensemble, nous nous sommes embarqués
Sur ce navire, où nous avons hissé
le drapeau de l'Amour
Qui veillera toujours sur nos sentiments partagés
Et dévoilera notre Bonheur chaque jour.

Mais cet Amour, c'est à vous
À vous d'abord, que nous le devons
Car c'est sans nul doute, par vous
Que nous avons appris le partage et le don.

Alors Merci, tout simplement Merci
Pour votre Amour, qui nous a un peu réunis.
Et sachez que pour toujours
Nous vous garderons notre Amour
Philippe votre gendre, moi votre fille
Dans une même et tendre Famille.

60 ans Papy
ou l'Art d'être grand-père

Une dose de patience
Pour être à l'écoute
Et sans le moindre doute
Donner de sa présence.

Quelques gouttes de sévérité
Arrosée de tendresse
Et de mille caresses
Pour garantir l'autorité et la vérité.

Un doigt d'indulgence
Pour comprendre
Et mieux s'apprendre
Avec beaucoup de confiance.

Un livre ouvert aux souvenirs
Au pourquoi, au comment
Répondre simplement.
Et regarder ensemble vers l'avenir.

Savoir que pour vos petits-enfants
Tout au fond de vos cœurs
Pour leur plus grand bonheur
Vous êtes des grands-parents aimants.

Voilà toute la recette
De ce gâteau d'Amour
De la Vie, de la Fête
À partager chaque jour.

À toi Maman

Pour la tendresse à demi-mot
Qui cache bien des maux
Soucis, peines de tous les jours
Qui fait le tour de ton Amour,
Pour nous, petits et grands
À qui tu donnes tant
Merci…

Pour ta main, posée, ici et là
Sur le moindre de nos pas
Dans tous tes actes de la Vie
Nous guidant comme une amie
Vers ce qui est le mieux
Vers ce qui nous rend heureux.
Merci…

Pour un mot qui console
De l'un à l'autre, tu voles
À tout moment, tu nous portes.
Et d'un geste tendre nous réconfortes.
Tu es pour chacun la mère, la maman
Nous protégeant de ton amour si grand.
Merci…

Murmures de tendresse

Au gré du temps balancé
Les unes aux autres entrelacées
Les années tracent leur chemin
Entre rires et pleurs, jeux incertains.
Peu à peu, l'existence s'efface
Mais demeure l'amour dans l'espace.

La vie a terni les images
Mais jusqu'au terme du voyage
La douceur de ces heures
À jamais dans nos cœurs
Reste gravée : écrin du souvenir
On improvise et rêve l'avenir.

Mémoire du passé qui s'éveille
Lampe allumée qui veille
Dans la tristesse de la nuit
S'évanouit la pluie
Câlins petits matins
Étoile du destin.

Mais l'aurore pointe encore
Avec tous ses trésors
L'espérance s'épanouit et sourit.
De mille feux de féerie
La magie de l'amour
Transforme la couleur des jours.

Murmures de tendresse
Et bouquet de caresses
De notre amour complice
Pour toi, mamie Alice
S'échappent de nos cœurs
Et te portent bonheur.

Comme un écho sans voix
Des rêves d'autrefois
Nos pensées, toutes s'envolent
Et nos vœux en farandoles
Guirlandes colorées de joie
S'acheminent vers toi.

Entre le temps d'hier et d'aujourd'hui

Il est vrai que le temps des roses
Ne dure jamais qu'un instant
Le temps si merveilleux où toute chose
N'est que senteur et parfum enivrant.

Entre le temps d'hier et d'aujourd'hui
Le temps n'a fait qu'une seconde
Pour faire tout ce tour du monde
Qui nous ramène à cette nuit.

Dans la ronde monotone des ans
Chaque année à pas lents
Un an de plus vient s'ajouter
Inlassable, incontrôlable vérité !

Nous apprenons à accepter
Sans doute sans gaieté
Cet engrenage inévitable
Du temps inconsolable !

De vingt ans à trente ans
Lentement le temps tisse
Sa toile de souvenirs brillants
Et vers demain tout glisse.

De cinquante ans, que dire à présent !
Peur des années qui trépassent
Joie de se sentir encore vivant
Et se laisser porter dans cette valse.

Vouloir rentrer dans la ronde
Qui tourne d'hier jusqu'à aujourd'hui.
Aller jusqu'au bout du monde.
Oublier ce passé qui s'enfuit.

À l'avenir lointain et incertain
Présager un rayon lumineux, cette lueur
Qui nous mènera jusqu'à demain
Pour vivre encore et longtemps avec bonheur.

Symphonie de deux cœurs

En ce printemps d'avril, où vos cœurs esseulés
S'unissaient à jamais dans un si tendre amour
Jusqu'à ce beau matin, où les vœux qui scellaient
En un accord majeur, la chanson de l'amour
Le temps avec patience a tissé l'existence
De vos vies enlacées, en une symphonie
De notes blanches et noires en parfaites nuances
Où chaque jour résonne une douce harmonie.

D'accords en désaccords, sur la portée de l'existence
Se joue sur tous les tons, au diapason d'amour
La mélodie des cœurs, en pause et en cadence
Mêlant en un duo vos voix, jusqu'à ce jour.
Variant le tempo, mouvement du destin
Les notes de la vie s'égrènent en silence
Écrivent la romance ; et dans un doux refrain
Écho des sentiments, chantent votre espérance.

Partition infinie, le rythme lent du temps
Mesure à contretemps, qui s'enfuit nuit et jour
Murmure, souffle léger, le rêve d'un instant
Œuvre à l'unisson au concerto d'amour.

Dans un précieux sillon, écrin de la mémoire
Gravée au fond des cœurs et à travers les âges

S'inscrit, clé du bonheur, une page d'histoire
Symphonie de deux cœurs, symbole d'un message.

Départ Papa

Ta voix n'est plus, ton regard si profond s'est éteint.
Mais tes écrits éparpillés, posés ici et là,
véritable festin
Restent pour nous des messages d'Amour
Des clins d'œil, signe de ta présence,
se révèlent chaque jour.

Votre maison, où avec maman, vous avez accueilli,
rassemblé
Avec générosité, et beaucoup partagé et donné
Va désormais fermer ses grands volets tant chargés
De souvenirs, de rires, de joie,
mes souvenirs d'enfance
Avec les jours de belles rencontres,
d'immenses tablées
Où chacun a sa place dans le respect et la différence.

Je me plonge dans ton univers,
certes, tu nous laisses orphelins
Aujourd'hui, tu n'es plus,
ton absence se fait envahissante
Mais ton esprit encore nous habite
et guide notre chemin.
Tu nous portes au-delà du temps et de l'espace
et nous enfantes.

La lumière est ténue, les mots à demi murmurés
par pudeur
Cependant silencieuse, ta présence
se fait encore plus vivante.
À travers les souvenirs qui demeurent,
palpitent encore nos cœurs.
Et riche de toute cette vie, va surgir de la nuit,
jaillissante
Cette force qui nous étreint, ce courage
qui nous transcende
Et conjugue, transforme les instants de doutes
et de douceur
En des secondes, des minutes plus longues
et plus gourmandes
Pour apprécier, accueillir les prémices d'une existence
avec bonheur.

La vie est plus forte et dans sa farandole
nous prend la main.
Elle danse, nous enivre, explose, vagabonde et chante
Et de désillusions en rêves, de douleurs en sérénité,
nous enchante
Berçant nos cœurs meurtris, abîmés,
mais nous consolant pour espérer demain.

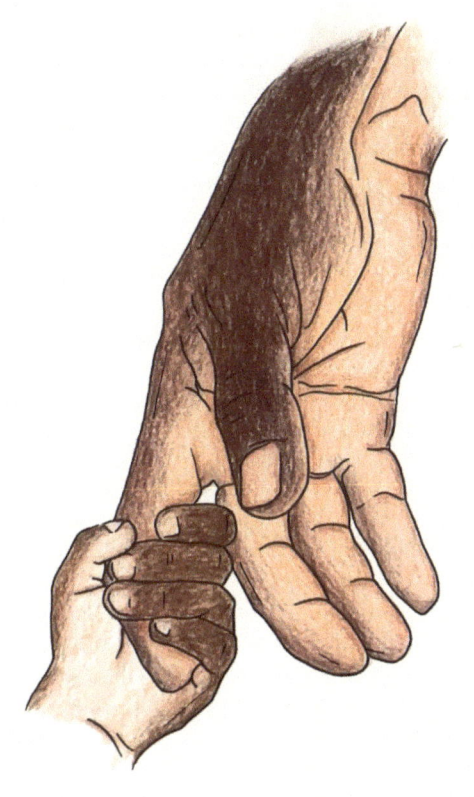

Les jumelles

Nous sommes les jumelles
Elle est moi, elle est elle
Je suis moi, je suis elle
Nous sommes les jumelles.

C'est elle, c'est moi
C'est moi, c'est elle
Et nous voilà
C'est les jumelles.

Deux êtres qui s'assemblent
Un cœur qui bat pour deux
Deux voix qui se ressemblent
Un caractère heureux.

C'est elle, c'est moi
C'est moi, c'est elle
Et nous voilà
C'est les jumelles.

Deux êtres se témoignent
Un amour partagé
Une même Amitié
Et deux mains se rejoignent.

C'est elle, c'est moi
C'est moi, c'est elle
Et nous voilà
C'est les jumelles.

À la croisée des destins

Dans la douce solitude du soir
Nous rêvions pour vous deux
Sabine, Michel
Et comme dans un grand miroir
Se reflétaient déjà les jours heureux.

Pour vous, la vie a sillonné
Une allée de printemps
Où vos cœurs aiment s'abandonner
Et devant cette longue route
Où l'inconnu vous attend
Soyez sans crainte et sans doute.

Sous un ciel sans nuage
S'inscrivent aujourd'hui
De votre vie, les plus belles pages.
Au rendez-vous de vos serments
Et au-delà des peines de la nuit
Que votre amour dépasse le temps.

Dans la douceur de ce clair matin
L'amour est à la croisée de vos chemins.
Sabine, Michel,
Et au creux de vos mains
S'échappe un merveilleux destin.

Sachez alors le retenir
Et garder ce tendre message.
Que cet envol vers l'avenir
Au-delà du temps et des âges
Vous pousse encore plus loin et plus fort
Vers la vérité de votre amour
Et la plénitude du réconfort
Qui fidèles, vous resteront toujours.

À ma première nièce Julie

Comme un soleil éclaté
De ce beau mois de juillet
Comme un bouquet de fleurs d'été
De ton petit nid chaud et douillet
Tu as surgi et souri à la vie
Toi, la douce Julie.

Cousins, cousines t'attendaient
Mais dans la nuit on se taisait
Impatients et tout intimidés.
De nos craintes, on nous apaisait
Déjà la tendresse t'habitait
Et la vie secrètement t'abritait.

Fruit mûr de l'été
Tes petits cris d'ange
Sont mille étoiles de clarté.
Et tes rires aux nôtres se mélangent.
Ton appel si grand vers toi, nous poussait
Pour t'aimer et te protéger à jamais.

Anaïs

Anaïs, Anaïs
Ton nom flotte dans le vent
Comme un parfum d'antan.
Anaïs, Anaïs
Tu portes la fraîcheur
D'un tout nouveau bonheur.

Anaïs, Anaïs
Ton nom chante la Provence
Et ses couleurs tout en nuance.
Anaïs, Anaïs
Et le mistral presque aussi doux qu'une caresse
Souffle sur l'olivier avec ivresse.

Anaïs, Anaïs
Ton nom brise le silence
C'est le sourire de l'innocence.
Anaïs, Anaïs
En farandole la chanson des cigales
Fredonne la douceur de ta terre natale.

Anaïs, Anaïs
Ton nom murmure la beauté de ta naissance
Nous berce de tendres émotions
dans une folle danse.

Anaïs, Anaïs
Et les lavandes en fleurs gourmandes
Parsèment leur parfum en offrande.

Anaïs, Anaïs
Ton nom s'envole en tourbillon
Et comme un vol de papillons
Anaïs, Anaïs
En guirlandes de fleurs
Tu butines nos cœurs.

Naissance de Justine

Coquine, câline
Laquelle des deux
Es-tu donc Justine ?!
L'avenir, seul dans les cieux
Peut-être un jour
Nous révélera ton secret
Pour l'instant sans détour
Le temps pour nous reste muet.

Mais aujourd'hui, tout simplement
Sois sage et belle tendrement
Devant la vie qui s'ouvre à toi
Et qui te tend déjà les bras.

Divine ou féminine
Laquelle des deux
Es-tu Justine ?!
À cette heure encore, nos vœux
Sont pour toi et tes parents
Qui t'aiment d'un amour si fort.
Qu'au fil des âges éternellement
Demeure ce précieux trésor.

Avec tes parents, les amis de tout horizon
Avec tes grands-parents et ta famille

Comme une secrète oraison
Nos cœurs, tous à l'unisson
Battent pour toi petite fille
Et rêvent pour toi mille voyages en chanson.

Taquine, chagrine
Laquelle des deux
Es-tu Justine ?!
Qu'importe le choix de Dieu.
Mais garde de l'enfance
Sa fraîcheur insouciante
Et, sur le chemin, avance
Heureuse et toujours confiante.

Cyril ou l'espoir d'un prénom

Comme le berceau du Nil
Qui suivait son chemin
Dans ton prénom Cyril
L'espoir du lendemain.
Tu portes ton destin
Et nos rêves de demain
Que tu cueilles au matin
Tout au creux de tes mains.
La vie qui t'échappe déjà
Au premier jour de ta naissance
Comme une lente renaissance
Guide doucement tes petits pas
Avec en héritage, la richesse du cœur
Et de la vie les plus simples bonheurs.

Le baptême de Justine et Anaïs

Sous le ciel de Provence
Où baigne votre innocence
Justine et Anaïs
Que renaisse en ce jour
Le mystère de l'amour.

Dans la magie des couleurs
Qui anime vos cœurs
Justine et Anaïs
La lumière du matin
Vous invite au festin.

Et la simple beauté
De votre pure vérité
Justine et Anaïs
Par l'eau claire du baptême
Illumine la vie que Dieu sème.

Que ce jour d'unité
Qui vous lie en toute liberté
Justine et Anaïs
Vous marque du don de la prière
Et guide votre vie entière.
Avec nos cœurs blessés
Et nos mains enlacées

Justine et Anaïs
Que jaillisse de cette vie nouvelle
L'espérance d'une paix éternelle.

Puyméras

Puyméras, oh Puyméras,
village chaleureux des Alpilles
Baigné de lumière, ton havre de paix,
berceau de la famille,
Nous accueille en douceur. Il flotte alors
comme un brin de magie.
Le temps s'évapore et s'évanouit
dans une lente léthargie.
Un moment insouciant suspendu
où chacun s'abandonne
Et chasse la morosité des jours
et la lassitude monotone.
Niché entre le Vaucluse et la Drôme provençale,
Tu nous embarques dans ton histoire ancestrale.

De loin, perchée tout au sommet
de ce charmant village
Se découpe ta belle église dans la lumière
et les nuages.
Entre les pavés et les étroites ruelles qui serpentent
Jusqu'à ce lieu de culte où l'on devine
une présence ardente
Elle se dresse dans le ciel, fière et authentique.
Et son clocher en chapeau de gendarme,
singulier et unique

Avec ces trois cloches identiques,
nous invite à la prière
Dans le silence et la sérénité entre ses murs de pierre.

Du petit cimetière,
blotti dans ce jardin de pierres tombales,
Refuge de nos chers disparus qui reposent
sous les étoiles,
Face au Ventoux, ce géant de Provence,
montagne mythique,
Les champs d'oliviers à ses pieds
offrent un décor magique.
Jusqu'à la route qui grimpe, sinueuse
au cœur du village,
Où la fontaine médiévale avec son lavoir antique
et sans âge
Chante et déferle de ses clapotis
son eau claire désaltérante,
Il plane comme un air mystérieux,
une âme bienveillante.
Alors sur le chemin qui trace jusqu'au château,
et domine Puyméras
Qui dévoile toute la beauté
d'un magnifique panorama, un opéra
De senteurs, de saveurs tout un festival en couleurs,
Les grilles de la maison familiale
s'entrouvrent avec bonheur.

Et cette grande bâtisse belle et symbolique,
comme une invitation
S'impose avec tout son passé,
son histoire à travers les générations.
Ainsi vogue notre imagination ;
et happé par cet appel au voyage
On pose alors les valises, pour inventer,
puis écrire une autre page.

Des effluves de souvenirs surgissent
soudain à l'horizon.
Imprégnés par cette fraîcheur
qui émane de ce jardin en floraison.
Et dans cette délicieuse quiétude
il souffle un vent de liberté,
Un parfum langoureux empreint de légèreté.
On s'y sent bien, on respire
à l'abri de la folle impatience de l'existence,
Un air de plénitude où s'envolent tous les maux,
une lente renaissance.
Une escale dans le temps où tout s'oublie, tout s'efface.
Et nous laisse ivres et envoûtés dans un état de grâce.

À l'ombre du grand platane où virevoltent les feuilles,
en automne
Quand la chaleur moite, accablante de l'été
nous emprisonne

On se laisse emporter, prisonnier de nos rêves
Dans une profonde méditation, un moment de trêve.
Puis nos pas s'acheminent jusqu'au fond du jardin
Et à travers la promenade entre les grands pins
Qui embrassent les cieux et épousent la poussière
L'univers vibre à l'unisson de nos cœurs,
une atmosphère familière.

En ces lieux féeriques, la balade se prolonge,
ressourçante.
On plonge et sombre dans une source jaillissante
Cette soif insatiable, inassouvie
De rencontres, de fêtes, de célébrations de la vie.
On y puise une paix intérieure,
une richesse florissante
Un cadeau de la vie dans une danse exaltante
Cette essence même qui nourrit le corps, et l'âme
Comme une résurrection, une bougie ravivée,
une flamme

Puis quand vient le temps douloureux des adieux
On implore la divine providence
et les yeux vers les cieux
En secret on espère de nouvelles promesses,
comme de vieux amants.
Les volets verts, gardent cachés
tous ces instants d'enchantement.

On referme les portes de la maison du bonheur,
et comme un long supplice
Dans nos bagages on emporte,
ces moments d'extase et de délice.

Un peu mélancoliques,
la nostalgie nous enveloppe de son voile
Mais déjà les prémices d'un avenir
nous transportent et se dévoilent.

VIII Philippe

À Philippe
L'Amour de ma vie

« Quand l'amour vous fait signe, suivez-le.
Bien que ses voies soient dures et rudes.
Et quand ses ailes vous enveloppent, cédez-lui. »

Khalil Gibran

Quand le cœur se livre et se met à écrire, il est difficile d'être bref et d'aller à l'essentiel.
Le cœur s'abandonne et les émotions m'enveloppent, se mêlant tour à tour en joie et en mélancolie. Les sentiments, baignés de tout mon être, ressurgissent du plus profond de mon âme.
Que dire de Philippe, de l'homme, du fils, du mari, du père, et du grand-père, de notre rencontre, de notre existence à deux.
Tant de souvenirs me submergent, m'émeuvent, tous ces bonheurs, mais aussi ce chagrin immense, incommensurable, avec le départ prématuré et si imprévisible de Philippe en 2020.
Notre rencontre, le hasard, sans doute au début, nous a mis tous les deux sur cette même route. Nos chemins se

sont croisés, un peu grâce à ma sœur jumelle Sabine, qui à un moment de notre vie voulait suivre sa propre route. Toutes les deux engagées dans le scoutisme, nous avons pris des voies différentes toujours dans cette même direction, l'engagement pour les enfants, mais dans des lieux distincts. Et la fortune m'a souri, Philippe était au rendez-vous et nous nous sommes rencontrés à Saint-Georges, Paroisse scoute de Marseille où il avait été chef. De mon côté, j'arrivais toute jeune cheftaine pour encadrer des caravelles, filles entre 12 et 14 ans.

Alors comme une simple évidence, et tout en douceur, nous avons joué au jeu de la séduction et les sentiments, avec confiance, se sont installés. Malgré la distance de Marseille, où j'étudiais, jusqu'à Müllheim, où Philippe était en garnison, l'Amour est sorti vainqueur de cet éloignement. Quand on aime, il n'est pas de distance infranchissable, et une vague de chaleur nous enveloppe et déferle avec ferveur pour consolider la profondeur des sentiments naissants.

Puis le 7 juillet 1979, nous scellions pour la vie nos vœux dans la belle petite église de Puyméras, village familial où il fait si bon vivre et où, aujourd'hui, Philippe repose en paix, dans le petit cimetière. Mais malgré l'absence, et la séparation terrestre, l'Amour reste encore plus fort.

Mon grand-oncle Paul, qui était prêtre et qui jonglait si bien avec les mots, disait que nos deux prénoms chantaient notre romance comme une mélodie absolue. Dans chacun de nos prénoms, deux doubles consonnes, différentes, mais placés au même endroit et deux mêmes voyelles, le i et le e qui s'harmonisent.

Nous commencions alors notre vie à deux, en Allemagne, à 800 kilomètres de nos familles respectives.

« Qu'ils partent dans la paix,
tous les deux vers l'Alsace,
Emportant dans leur cœur comme dans un écrin
Les heures de ce jour où tout fut joie et grâce.
Demain, ils reprendront sans doute leur besace,
Pour aller vers d'autres cieux,
peut-être moins sereins,
Vers des difficultés majeures « tous terrains » !
Ils auront le secret alors de faire face.

S'ils savent écouter, comme un joyeux refrain
Tes cloches, Puyméras, ta chanson, Toulourenc. »

Frère Paul Arlaud

Ainsi embarqués tous les deux sur le bateau de notre vie, le voyage s'est déroulé, non pas toujours comme un long fleuve tranquille, car l'existence est imprévisible. Avec parfois quelques bourrasques, de belles escales ; mais bien ancrés sur notre radeau, la traversée avec toi a été des plus douces. Nous avons surmonté les vents et les orages pour aller vers de nouveaux horizons, vers d'autres ports plus sereins et plus forts encore.

Quarante et un an de partage, avec nos trois petits mousses, nos enfants, et quel bonheur !

Des déménagements pour causes professionnelles, pas toujours faciles à accepter, mais qui nous ont permis de découvrir d'autres régions et de croiser de belles personnes, de nouvelles rencontres.
Puis l'enchantement de connaître la joie de devenir grands-parents, avec tous ces petits bouts qui continuent de m'aider à poursuivre la route. Et aujourd'hui, si ta main ne tient plus la mienne puisque tu as rejoint pour toujours les anges, je crois que quelque part, tu es toujours là à mes côtés, emboîtant chacun de mes pas, et veillant sur nous, ta famille, telle une étoile qui éclaire notre chemin et illumine nos vies.

« Je ne sais pas où va mon chemin, mais je marche mieux quand ma main serre la tienne »

Alfred de Musset

À Philippe, mon mari

Aussi longtemps que nous vivrons
Puissions-nous toujours, main dans la main
Croire qu'au-delà du temps nous survivrons
Aller sereinement jusqu'au bout du chemin.
À travers ces paysages et ce voyage dans l'espace
Puissions-nous encore connaître
l'Amour et la Passion
Et alors qu'à ce nouvel émoi nous naissons
Vivre les heures délectables
des souvenirs que rien n'efface.
Tu m'as souri un beau matin
Nous n'étions que deux inconnus
Et quand tu m'as tendu la main, était-ce le destin ?
J'en étais toute émue
alors que j'étais seule et presque nue.
Nous aurions pu ne pas nous reconnaître
Ne pas savoir capter dans nos regards
Cette lumière qui nous faisait transparaître
Maquiller nos visages avec du fard.
Nous aurions pu capituler devant tous les efforts
Les séparations souvent renouvelées
Mais nous avons mené jusqu'au bout
notre corps à corps
Pour arriver aux démêlés.
Aujourd'hui la vie nous a réunis

Et je crois pouvoir dire que je suis Femme
Femme la plus comblée, la plus unie
À toi mon Mari, qui est toute mon âme.
Je ne sais si dans ton cœur
Brille aussi cette éternelle flamme
Et je voudrais formuler en cette heure
Ce souhait, le plus cher à mon âme
Sois Heureux, mon Amour
Bois la vie à pleine gorgée
Prends l'existence avec humour
Et que je t'aime, n'oublie jamais.
En ce jour, nous ne sommes que jeunes mariés
Et devant nous, jaillit cette vie intrigante.
Le temps vite va nous oublier et nous sacrifier
Pour mettre aussitôt sur nos tempes
Des mèches grisonnantes, des rides à nos fronts.
Les étapes de la vie, les unes aux autres
vont se succéder
Et nous atteindrons ainsi le plus haut des monts
Pour revenir au soir de notre vie
dans la tiédeur de la vallée.
Demain, sans doute, connaîtras-tu la Joie
D'être papa, d'être pour nos enfants
Celui qui représente tout, qui est leur roi
Te donnant tout entier à ton rôle de parent.
Et je suis certaine déjà
Que tu t'acquitteras aussi bien de cette tâche

Que tu seras le plus merveilleux des papas
Étant à tes côtés sans relâche.
Et lorsque nous aurons tout osé
Mené notre mission avec succès
Nous pourrons alors nous reposer
Et rêver aux joies simples de notre passé.
Nos enfants mariés, nos petits-enfants nés.
Nous tirerons alors de nos vieux souvenirs
Le bonheur, pour revivre encore de magnifiques étés
Et nous ouvrir alors à leur avenir.
Notre vieillesse s'écoulera douce, j'espère
Nous faisant apprécier à nouveau
tous les feux de jeunesse
Ceux qui brûlaient en nous comme une fièvre légère
Et qui nous procurait cette exquise ivresse
Ce désir fou et déchirant de vivre
De happer l'existence avec fougue, irrésistiblement
De rire et sourire, libre et ivre
D'accepter toutes les joies
déferlant en vague inlassablement.
Oui, je souhaite que nous puissions
Vieillir ainsi tous deux
Après avoir connu tant d'émotions
Et de la vie tous ces moments heureux.
Ce soir, je voudrais simplement te dire
Que je t'aime, et t'aimerai de mieux en mieux
chaque jour

Follement, éternellement, avec délire
Remerciant Dieu de nous avoir réunis pour toujours.
La vie nous ouvre grands ses bras
Sachons répondre à son appel constant
Et nous aimer Toi et Moi
Faisant confiance à tout instant.
Et même si l'existence peut aussi nous décevoir
Mettons toute la foi en notre amour avec bonheur
Qui verra fleurir et renaître les fleurs d'espoir
Après la pluie, l'arc-en-ciel offre toutes ses couleurs.

On aime...

On aime, un jour, on ne sait pourquoi ?
Pour un sourire, un regard ou un rire narquois
On apprend à aimer à souffrir en silence
À lire dans les yeux, ce que l'autre de vous pense.
On ne dort plus la nuit, on pleure sans arrêt
On y croit, on pense que c'est enfin arrivé
Et puis quand le soir tombe, on se regarde un peu
Et l'on se dit que l'on est bête
d'y croire comme du feu.
Le matin apparaît, tout neuf et tout serein
On se lève en chantant, on boit un peu de vin
Sur le visage blanc, la couleur à nouveau apparaît
La trace des pleurs à jamais disparaît.
Et à nouveau renaît le tendre espoir
De voir fleurir dans le sombre tunnel noir
Le visage chéri et le sourire aimé
De l'être le plus doux et le plus adoré.

Nos fiançailles

Merci pour la beauté du paysage
En ces lieux, réunie
Qui donne à notre passage
La couleur de l'uni.

Merci pour ce doux parfum d'amitié
Qui flotte dans l'air du matin
Pour ce beau jour éclos, héritier
Des fleurs de nos deux destins.

Merci pour la fraîcheur des sentiments
Qui a permis cet aujourd'hui
Et qui par des sentiers bien différents
A vu naître ce fruit.

Merci pour le hasard de la rencontre
Qui a été au rendez-vous de nos chemins
Et qui au cadran de la montre
N'était point marqué comme heureux lendemain.

Merci pour l'amour des parents
Si généreusement donné
Au long de nos deux vies durant
Pour cette fleur qui jamais ne s'est fanée.

Merci pour la confiance mutuelle
Pour la liberté de choisir, d'advenir
De suivre la voix qui nous appelle
De dire oui à notre avenir.

Merci pour cette merveilleuse unité
Pour nos amis de toujours
Et la chaleur de leur fidélité
Qui nous accompagne en ce jour.

Merci pour cette longue vie scoute
Qui nous a ouvert au partage
Pour les enfants qui sur nos routes
Nous ont livré, le plus beau des messages.

Merci pour nos familles réunies
Qui aujourd'hui ne font plus qu'une
Et qu'une même joie commune
Plus fortement encore unit.

Merci pour la musique en hommage à la fête
Pour son cortège d'instruments
De voix mêlées en mélodie parfaite
Qui s'harmonisent si magnifiquement.

Les mots, je crois, ne suffisent à dire
Toute la joie et le bonheur

Qui en nous sont à cette heure.
Et il ne nous reste plus qu'à dire et à redire
Merci, Merci, Merci

Si...

Si mon amour au vent d'été
S'est donné et s'est prêté
Si ma bouche s'est abreuvée
De baisers inachevés...

Si mes yeux se sont baignés
Dans la tiédeur de tes yeux
Si mes bras se sont fanés
Dans une étreinte de feu...

Si mes mains se sont tournées
Vers le visage aimé
Si mon corps s'est balancé
Entre des hanches dressées...

Si mon cœur a palpité
Au souffle de son haleine
Si mon corps s'est habité
De tourments et puis de peines...

C'est bien que l'amour a réuni
Deux pauvres oiseaux désunis...

Je voudrais

Je voudrais être l'ombre de ton ombre
La femme unique, qui occupe ton cœur
L'enfant sauvage de la pénombre
La romantique, ton âme sœur.

Je voudrais être l'amante de tes nuits
L'épouse fidèle appui de tes soucis
La mère fragile de ta progéniture
L'infirmière docile, qui soigne tes blessures.

Je voudrais être la muse de ton génie
L'inspiratrice de ton feu militaire
La fée aux cheveux d'or qui donne la vie
L'amazone guerrière au poing de fer.

Je voudrais être cette reine d'Amour
Cette princesse, et pourquoi pas la Pompadour
Cette courtisane au cœur fébrile
Et cette fille aux mœurs faciles.

Je voudrais être une femme, une enfant
La religieuse au cœur aimant
Cette biche au milieu de la faune
Et la déesse au grand cœur qui pardonne.

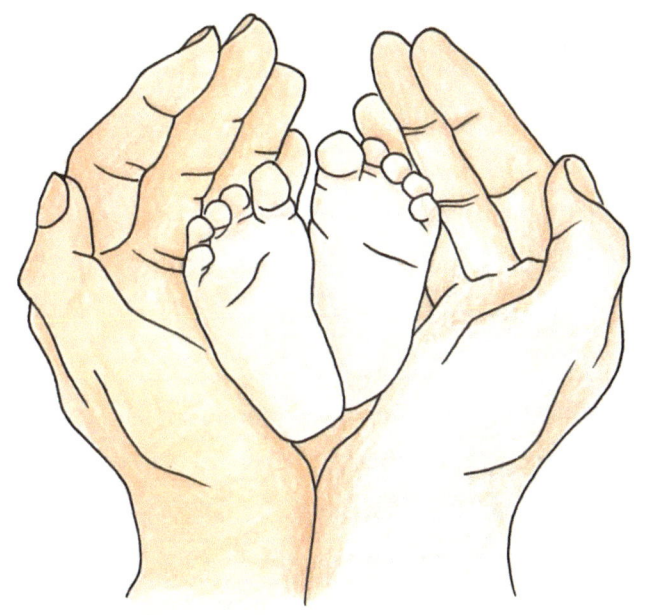

Heureuse nouvelle

S'il est des peines qui viennent nous meurtrir
Sans doute, est-il une joie qui dans l'avenir
Verra fleurir pour tous l'espoir
Cette espérance qui efface le désespoir
Des jours de peine et de tristesse
Et qui mettra sûrement nos cœurs en liesse.

De notre amour va naître
Le désir le plus fou qui anime chaque être
Qui donne un sens à toute Vie.
Et qui plus encore nous unit.
Un enfant, nous attendons
Fille ou garçon qu'importe !
À lui, nous ouvrirons la porte
Et notre amour lui donnerons.

Un couple, nous étions devenus avec bonheur
Une famille, nous allons former maintenant
Apprenant chaque jour le métier de parents
Pour le pire, mais sûrement le meilleur.

Être père

Si la mère le porte
Des neuf mois qui l'emportent
Jusqu'au pied du parvis
De la nuit à la vie.
Si la mère l'enfante
Le dorlote et aimante
Sur le berceau qui dort
Pose son regard d'or
Comme un trésor sans prix.
Le père veille et prie
Et des rêves inouïs
Élabore pour lui.

Et dans sa solitude
Comme une lente béatitude
Devant ce tout petit
Assoiffé et tout en appétit
Naît alors un amour infini
Une richesse absolue et bénie.
Déroutant les habitudes
Et toutes lassitudes
C'est la vie qui s'affirme
Et la tendresse se confirme.
Père de famille
Qui ne jamais vacille

Ton cœur au sien s'attache
Mais jamais ne se détache.
Et dans tous les instants
Père aimant et bienveillant
Sans jamais sommeiller
Sache sur lui veiller
Sans craindre de donner
Et d'être un jour abandonné
Heureux tout au long de la vie
De voir grandir ses envies
D'accompagner ses doutes et ses choix
De partager ses peines et ses émois.

La balade du cuirassier

Sur le char de l'azur
Tu pars vers ton destin
Et dans la brume du matin
Quittant notre masure
C'est ton absence qui pleure
Et le vide qui demeure.
Jusqu'au soir tombant
Vaillant cuirassier de nos temps
Vers ton devoir à tout moment
Tu cours, tout entier te donnant.

Du noble chevalier
Garde comme une alliée
Adjudant de mon cœur
Pour notre grand bonheur
La grandeur d'âme
Et cette même flamme
Qui dans tout combat
L'accompagnait pas à pas.

Aujourd'hui dorment
Cuirasses et épées
Les chars à présent déforment
Nos chemins et nos prés.
Mais que renaissent sous les ormes

Toutes les fleurs de paix
Pour tes trente ans
Et toute ta vie durant.

Et sous la cuirasse dure
Qu'éclose l'âme pure
Des chevaliers de nos jours
Qui ne combattent que pour l'amour
Et ne se battent
Que pour un monde meilleur
Un pré parsemé de fleurs
Où ne fleurissent que paix, bonheur
Et périssent guerre et déshonneur.

Ton absence

Dans le silence de la nuit
Brille l'ennui
L'ennui de toi
De ton absence sous notre toit.

Ton absence qui dure
Cette longue déchirure
Cette attente qui perdure…
Comme un livre attend son écriture.

Que le jour lève le voile
Qui cache mon étoile
Celle qui brille le jour
Et découvre mon amour
Lorsque tes pas sont là
Dans la maison et non là-bas.

Là-bas au loin
Seule dans mon coin
Quand la nuit de ton départ
M'enlève ta présence
Me prive de ton existence
Au fond de moi quelque part
Comme amputée de l'essentiel

Les yeux levés vers le ciel
Je prie pour retrouver ton regard.

Par lui, avec lui et en lui…

Ta présence me fait vivre
Un peu plus chaque jour
Me berce de rêves fous et m'enivre.
Je me livre alors sans détour
Je respire les élans de ton cœur
Et dérive vers toi avec bonheur.

Ton absence me fait mourir
Un peu plus chaque jour
Le manque me fait tant souffrir
Avec douleur, pèse si lourd
Et dans ce crépuscule, je crois m'évanouir
Sans toi, je ne peux m'épanouir.

Par toi, au fil du temps
Je renais, je revis à nouveau.
Par toi, j'apprends ce qui est beau.
Je me laisse griser par le vent
Et vibre chaque matin, avec toi mon amant
À la douceur et la chaleur des sentiments.

Avec toi, je côtoie des chemins
Des sentiers bien plus doux
Avec toi, main dans la main
J'irai, je ne sais où…

Les yeux fermés, j'oserai
Les risques, je les prendrai.

En toi, j'espère, je crois
Je ne suis plus seule, mais avec toi
En toi, je vois ma foi, et plus ma croix
Mais un chemin sans peur ni loi.
Je reste aveugle à tout autre chose
Seul le bonheur me transpose.

Rêveries...

Dès que le jour se lève et que je t'appartiens
Subsiste encore en moi le doute qui s'abstient
Quand tes mains sur mes longs cheveux, tu poses
Qu'entre tes bras, abandonnée, je m'offre, et j'ose.

Dès que le jour se couche, que près de toi, je suis
Ma tristesse s'étiole, s'estompent les ennuis
Et renaît sur mes lèvres, ce malicieux sourire
Mes joues s'empourprent, et j'aime rire.

Dès que le jour se couche,
et que nos yeux se croisent
Ton regard si profond, soudain m'apprivoise.
Alors fleurit en moi, le secret désir d'être aimée
De devenir enfin, celle que je ne fus jamais.

Dès que le jour se couche, et que je t'appartiens
Subsiste encore en moi le doute, qui s'abstient
Quand ton sourire soutenu et ton rire narquois
Semblent aussitôt me dire : et pourquoi pas ?

Je connais...

Je connais une chanson
Plus douce que le clapotis de l'eau
Qui coule le long des ruisseaux
Cette source qui murmure comme un frisson.
C'est notre mélodie d'amour
Qui me berce chaque jour.

Je connais un poème
Plus beau que tous les vers sans peine
Écrits par Lamartine ou Paul Verlaine
Qui transcendent les mots dans tous les « Je t'aime ».
C'est le sonnet qui rime notre amour
Cette ballade que je récite chaque jour.

Je connais un soleil
Plus chaud, plus audacieux
Qui brille et éclaire les cieux
Aux couleurs d'un été vermeil.
C'est la clarté et le rayon de notre amour
Cette lumière qui illumine chaque jour.

Je connais un parfum
Plus suave, et enivrant chaque matin
Que toutes les fleurs de mon jardin
Qui réveillerait les vivants et les défunts.

Ce sont les senteurs de notre amour
Que je respire chaque jour.

Je connais un tableau
Bien plus vrai, plus réel et sublime
Que tous ces dessins, ces croquis qui s'animent
Et que toutes les peintures de Picasso.
C'est l'esquisse, la fresque de notre amour
Qui se raconte et se dessine chaque jour.

Je connais une brise
Plus douce, plus légère
Que tous les vents qui errent
Sur la lande avec gourmandise.
C'est le souffle de notre amour
Qui me fait vibrer chaque jour.

Je connais un discours
Bien plus juste et sincère
Que toutes les vérités sur terre
Que proclament les dirigeants avec peu de secours.
C'est notre déclaration d'amour
Que je déclame chaque jour.

Je connais une invention
Moins banale que les découvertes astrales
Plus étonnante que toutes les recherches médicales

Que je savoure avec admiration.
C'est la quête de notre amour
Que je découvre chaque jour.

Je connais une prière
Plus belle et plus ardente
Plus aimante et fervente
Que tous les psaumes dont je suis prisonnière.
C'est le cantique de notre amour
Que je t'offre chaque jour.

Je connais une symphonie
Un hymne en accord majeur
Plus majestueux que tous les chœurs
Et tous les récitals en harmonie.
C'est le refrain de notre amour
Que je chante chaque jour.

Un instant dans le temps

Le temps dans l'absolu
hélas si souvent nous échappe
Et au cours du chemin, laisse des rides et des traces.

Dans son sillage, il poursuit sa course et nous happe
Il nous attrape et dans sa ronde nous enlace.

Mais malgré les orages,
posons ensemble nos bagages
Du temps qui passe, ne restons plus otages.

Et aujourd'hui à Puyméras, le temps dans sa besace
Nous invite à la fête et nous cueille au passage.

Avec des rêves en floraison, des moments de partage
Des rires, des sourires, s'épanouissent dans l'espace.

Autour de nous et avec nous, tout un bel équipage
Parents, amis, un bel alliage, et quel état de grâce !

Un instant arrêté dans le temps, pour ce voyage.

Et comme une caresse
des souvenirs que rien n'efface
S'inscrivent dans le temps en héritage.

Quand tu es parti !

J'aurais tellement voulu te dire au revoir
Plonger mes yeux dans l'immensité de ton regard.
Mais le destin en aura voulu tout autrement.
Et avec douleur, et détresse, il était trop tard.
La vie nous laissant seuls sans espoir.

Je ne saurais jamais si avec désespoir
Au moment de l'ultime départ
Tu m'attendais, guettant l'instant
Où tu pourrais encore m'apercevoir !
Et m'embrasser tendrement sans retard.

Le temps, d'un coup, s'est arrêté ce soir.
À présent, je suis dans le brouillard
Égarée, attristée, désolée éperdument.
Je n'ai pas su réaliser, pressentir et voir
Que le temps nous manquait et qu'il serait trop tard.

Mon cœur si lourd, si vide est sans joie.
Je n'ai pu te dire mon immense amour
Te dire banalement mais tellement absolument
Que ma vie s'est fanée et n'est plus rien sans Toi
Que je t'ai aimé, que je t'aimerai
et t'aime pour toujours.

J'aurais tant aimé vieillir ensemble avec émoi
Partager les petits bonheurs de chaque jour
S'aimer toujours, et inlassablement
Avancer main dans la main sans peur ni loi
Croire aux lendemains heureux sans détour.

Maintenant, je dois te laisser partir
certes avec désarroi
La tristesse de ton absence me hante
mais ton amour
Tout au fond de moi continue inconditionnellement
De brûler, de briller, de me faire exister avec foi
Tu es présent, magnifiquement
avec moi pour toujours.

Un presque rien

Un presque rien
Pour te garder près de moi
Encore un geste, un lien
Qui me raccroche à toi.

J'aurais voulu te retenir
Ne pas fermer la porte
Espérer encore en l'avenir
Empêcher que tu ne sortes !

Mais sous mes pas s'échappe ta présence
Et comme un long supplice
Je subis chaque instant ton absence
Une blessure, une profonde cicatrice.

Alors pour te posséder encore
Se souvenir pour ne pas oublier
Enfouir et préserver tous ces trésors
Pour vivre et continuer à t'aimer.

Pour prolonger ce temps présent
Qui n'existe plus avec toi
Qui s'enfuit agonisant
Rire encore et parler de toi.

Et comme une évidence
Croiser encore ton regard
Puiser un signe, une présence
Et vivre dans ton départ.

Croire encore que tu es toujours là
Chuchoter ton prénom, mon amour, mon chéri
Respirer le souffle puissant de ta voix
Et murmurer ton doux nom Papily.

Sentir ta main dans la mienne
T'emporter avec moi en voyage
Avancer, ma main dans la tienne
Partager avec toi d'autres paysages.

Avec gourmandise t'inviter à la table
En famille et avec nos amis
Raconter des histoires inoubliables
Pour te garder encore ici.

Me plonger dans tes pensées
Lire tes jolis mots d'amour
Cet héritage que tu m'as laissé
Que je savoure chaque jour.

Ne pas t'abandonner trop vite
Percevoir encore l'écho de ta voix

Qui résonne en moi et m'habite
À travers le cosmos, si loin parfois.

Espérer qu'au-delà de l'insupportable
Le temps use de sa patience
Révèle de l'existence l'insoupçonnable
Et taise ma douleur avec confiance.

Sur ta tombe

Sur ta tombe, j'irai déposer un baiser
Caresser la pierre froide, signe de ton absence
Palper dans le silence ta tendre présence
Qui m'enveloppe avec chaleur et pourrait m'apaiser.

Dans la fraîcheur matinale, à la tombée du soir
Chaque fois que mes pas me conduiront à Puyméras
Jamais seule, mais l'âme solitaire, j'irai jusqu'à toi
Invisible, comme un parfum, te respirer avec espoir.

Comme un rendez-vous, j'irai fleurir ta tombe
Et pour qu'à travers le cosmos, continue l'existence
Enlacés langoureusement, dans une dernière danse
Légers et heureux nous valserons sur ta tombe.

Des messages murmurés en douceur
Des mots pour se raconter, exister
L'un sans l'autre, mais pour toute l'éternité.
Ensemble braver la mort et vivre avec bonheur.

Puis un ultime au revoir, un autre passage.
Dans ce jardin de pierres tombales
Seul, mais en paix, sous la voûte astrale,
T'abandonner un instant jusqu'au prochain voyage.

IX L'amour

« Aimer, c'est avoir une lumière dans le cœur. La vie peut distraire d'une pensée, un nuage peut dérober l'étoile, mais cela n'empêche pas l'étoile et la pensée d'être fixes, l'une au fond du ciel, l'autre au fond de l'âme. »

Victor Hugo

L'amour est ce sentiment universel qui relie les hommes entre eux. C'est cet élan du cœur qui nous porte vers les autres.
À chaque époque, l'amour a inspiré et nourrit tous les artistes ; poètes, romanciers, musiciens et peintres ont été transportés par toutes leurs émotions. Et à travers leurs œuvres, l'amour se révèle encore plus intensément, une explosion qui gravite autour de nous.
Pour moi, ce sentiment se situe sur deux points distincts, des degrés différents, mais toujours tourné vers l'autre : l'amour pour les autres et l'amour pour l'Autre.
L'amour pour les autres, c'est ce sentiment inconditionnel, désintéressé, ce don de soi pour apporter secours, bienveillance. C'est cette relation à l'autre, ce penchant généreux, charitable.

Nous connaissons tous des êtres exceptionnels comme Nelson Mandela, Mère Teresa, Gandhi et sans doute bien d'autres, peut-être proches, autour de nous, ces êtres qui s'oublient pour porter leur regard, leur attention envers autrui, afin de soutenir leurs semblables dans les épreuves. C'est un engagement profond et sans rien attendre en retour.

Sœur Emmanuelle disait « Regarder l'autre, l'écouter, lui sourire, s'intéresser à lui, c'est le commencement de l'humanité »

Il n'y a pas d'humanité sans amour ; et ces éclosions de petites graines d'amour se cultivent puis se cueillent. L'amour est le réel moteur de nos vies ; il nous insuffle chaque jour l'envie de nous lever et d'avancer, pour nous, mais aussi pour les autres.

L'amour profond entre deux êtres dans un couple, c'est le fruit d'une rencontre, d'une émotion, de plusieurs sentiments. C'est l'engagement, avec le partage et les échanges ; ce sont ces instants d'intimités qui se traduisent par les gestes d'attention, les baisers, les caresses et cette passion, cette pulsion de vouloir poursuivre ensemble ce même chemin en acceptant les différences de chacun qui enrichissent la relation. C'est ce ressenti à la fois physique et psychologique. Le véritable amour ne s'explique pas toujours, il transcende les sentiments, nous chahute. Il résiste au temps et au-delà du temps terrestre, nous entraîne à travers le cosmos. Quand on aime quelqu'un aussi fort, on voudrait le garder jusqu'au bout, même parfois dans la maladie, retarder le temps de l'ultime départ, car on ne peut imaginer la vie sans l'être aimé. On prendrait parfois sa place pour éviter de souffrir de son absence. On veut le mieux pour lui et alors on accepte ce véritable témoignage de cet amour partagé.

Avec un peu d'amour, on pourrait sans doute changer tant d'absurdités, chasser bien des maux de l'univers et prendre une tout autre direction, si tous les hommes de la terre étaient capables de comprendre l'autre, d'accepter les diversités, d'accueillir, sourire, faire preuve de tolérance, et pardonner.

« Aimer ce n'est pas se regarder l'un l'autre, c'est regarder ensemble dans la même direction. »

Antoine de Saint-Exupéry

Destinées

Inconnus du matin
Pour un regard posé là
Un mot dit tout bas
Et tourne le destin…

Quelle est donc cette attirance
Qui pousse l'un vers l'autre
Qui force chaque porte
Illuminant notre existence ?

Confiance, réconfort ou amour
Peur de la solitude des jours ?
Personne ne peut le dire
Mais une folle envie de vivre
De prendre cette route
Tous deux à l'écoute

Du secret infime
Du désir intime
Qui anime chacun
Et ne fait plus qu'un.

Tout dérive, tout chavire
Sur la route, le navire
Vers d'autres côtes navigue

Et de digue en digue
Dans le port de votre amour
Vous laisse, ivres et sourds…

Il aura fallu un matin
Et tout a tourné
Mais un jour le destin
Pour vous s'est éclairé.

L'autre

Sur le pas de ma porte
Je regardais cette autre
Cette autre, c'était toi
Déjà un peu de moi
Me mettant en émoi
T'attendant sous mon toit.

Du haut de ta fenêtre
Tu espérais cet être
Qui allait advenir et paraître
Pour ton bonheur peut-être !

Et du pas de ma porte
Sans jamais que je sorte
Du haut de ta fenêtre
Sans jamais apparaître
Nos regards se croisaient
Sans jamais s'arrêter
Nos deux cœurs s'amusaient
Sans jamais s'abriter.

Sur le pas de ma porte
C'est le vent qui m'apporte
Notre chanson d'amour
Qui fuit et court

Comme le fil de l'eau
Et dérive au passage
Dans le remous des flots
Pour mille autres voyages.

Et si le vent l'emporte
L'un et l'autre déportent
Moi sur le pas de ma porte
Avec ma chanson morte
Toi derrière ta fenêtre
Avec la peur de ne connaître
Les sentiments à naître
Qu'unissent nos deux êtres.

Espoir

Je renais aujourd'hui
Sous le soleil de mai
Sous le regard aimé
De plaisir, je rougis
Et au fond de moi, luit
Mon Amour, cette éternelle bougie.

L'espoir nouveau
Fleurit en moi
Comme une fleur des champs, des bois
Et mon bonheur
En devient beau.

Sous le soleil argenté
Nos deux regards se croisent
Et dans la nuit d'été
Deux êtres s'apprivoisent
Telles deux bêtes sauvages
Deux oiseaux de passage.

Noces d'étain

Une rencontre, à quoi ça tient ?
À quelle magie, à quel hasard ?
À je ne sais quoi, à presque rien !
Pour un chemin détourné, un train en retard !
On aime un jour, on ne sait pourquoi
Pour une voix, un regard posé là
Pour un tendre sourire, un rire narquois
Un silence, un mot murmuré tout bas…

Mais quelle est donc cette douce attirance
Cette illusion fébrile qui bouscule l'existence ?
Quel est ce signe, inconnu du matin
Qui déroute un instant et bascule le destin ?

Alors dans la douce solitude des rêves
S'installe l'avenir et le doute s'achève.
Un soir, on se croisait, on hésitait
À l'aube, on s'apprivoisait, on s'inventait.
Aujourd'hui, dix ans, Noces d'Étain
Le feu de votre amour n'est pas éteint.

Et votre flamme brûle toujours plus fort.
Dans un écrin secret comme un trésor
De ce matin sublime de l'hyménée
Où vous avez ensemble échangé vos vœux

Gardez ce Bonheur que vous aviez imaginé.
Et au-delà du temps et de l'espace soyez heureux.

Noces de porcelaine

De ce printemps d'avril où vos cœurs esseulés
S'unissaient à jamais dans un tourment d'amour
Jusqu'à ce beau matin, où les vœux qui scellaient
Votre union, signent votre bonheur sans détour
Le temps avec patience a tissé l'existence
De vos vies enlacées, en une symphonie
De joies et de tristesses en parfaite nuance
Où naissaient chaque jour des désirs infinis.

De la folle passion des premiers jours de liesse
Sentiments en éveil, d'innocente insouciance
Aurore ténue des matins pleins d'ivresse
Jusqu'aux heures tardives où fleurit la tendresse
Lentement vingt années, pas-à-pas qui s'égrènent
Sèment un long chemin de confiance partagée
Et en ce jour béni des noces de porcelaine
Le voyage s'achemine, en suprême apogée.

Naufragée du destin, l'existence en vieillesse
S'échappe ; et les vies enchaînées au temps tragique
Pleurent, mélancoliques, les saisons d'allégresse.
Mais comme une porcelaine fragile et magique
L'amour demeure, noble, beau et silencieux.
Puis jusqu'aux noces d'or,
comme aux beaux jours d'antan

Fidèles à vos promesses, sous la voûte des cieux
La destinée s'évade dans l'espace, dans le temps.

Te souviens-tu ?

Te souviens-tu des jours heureux
Des jours heureux, coulés à deux
Des nuits sans jour, des nuits d'été
Où peu à peu notre Amitié
Au fil du temps refleurissait
Et de serments se nourrissait…

Te souviens-tu des jours heureux
Des doux moments passés à deux
Dans la tiédeur des soirs d'été
Où peu à peu notre Amitié
En notre Amour se transformait
Et de serments se consumait.

Remerciements

À toi Philippe, mon mari, qui n'est plus à mes côtés, mais qui m'a toujours inspirée et qui depuis les astres célestes continue de veiller sur moi, de me faire vivre et de m'accompagner dans cette inimaginable ambition, cette aspiration un peu folle.

Tu n'es plus là, pourtant je sentais parfois ta présence, j'entendais tes commentaires : chaque fois que je relisais ou travaillais mes poèmes, je devinais ton regard, je t'entendais me dire de ne pas changer un mot ; et pourtant je ne t'ai pas toujours écouté ! mais je sais que tu comprends et que tu me pardonnes.

À vous tous ma Famille, mes enfants et vos conjoints, tous mes petits-enfants, présents dans ce projet d'écriture, chacun à sa manière, me laissant en toute liberté le choix de me lancer dans cette aventure.

À toutes les personnes qui ont cru en moi, qui m'ont poussée à aller de l'avant, à cette envie d'y croire et d'aller jusqu'au bout : des rencontres comme on ne se livre jamais !

Je ne t'oublierai pas Sophie, toi qui as été à l'initiative de ce projet fou, toi qui m'as accompagnée pas à pas dans chacune de mes étapes dans l'avancement de l'écriture.

Tu as commenté, corrigé parfois et souri à la lecture de certains textes.

Merci à toi Anne-Sophie[1], nous avons fait connaissance au moment du départ de Philippe quand tu m'as remplacée et que nous avons fait un petit bout de chemin ensemble juste avant que je ne prenne ma retraite. Tu as adhéré tout de suite à ce projet, tu m'as encouragée et tu as participé à ce travail d'illustration en réalisant avec nos petits élèves le magnifique tableau « les petits ballons s'envolent ».

À tous mes illustrateurs, sans qui les mots et la poésie n'auraient pas la même couleur. Le savant mélange des textes et des dessins donne une saveur nuancée avec une charge émotionnelle intense.

Peu douée dans l'art du dessin, et pourtant admirative devant tant d'œuvres d'art, je te remercie Adeline, ma petite fille de cœur, pour tes dessins[2] en couleurs qui enluminent et transposent mon écriture. Merci à toi Audrey, ma chère fille, à l'initiative de ces dessins autour des mains qu'Adeline a gentiment réinventés avec sa palette colorée aux accents de l'arc-en-ciel de toute sa fibre artistique.

---

1 Cf. p 99
2 Couverture et pages 23, 28, 38, 42, 45, 63, 70, 86, 94, 107, 114, 132, 146, 151, 187, 197, 223

Ces mains qui se rejoignent, l'une vers l'autre, illustrent toute notre Histoire de Famille avec dans ce recueil le témoignage que la poésie est une célébration de la vie qui révèle et libère toutes les émotions.

Merci à toi, mon petit fils Célian de Toulouse, pour ce magnifique croquis de Papily et Mamily[3], souvenir de nos 40 ans de mariage, réalisé avec beaucoup de tendresse avec cette photo mémoire de notre Amour éternel.

Merci à toi Karine, ma collègue, mon amie, pour tes dessins en noir et blanc[4] qui, comme les touches d'un piano, chantent le blues, le spleen de la vie mais aussi l'allégresse et l'espérance. Merci à toi Antoine, mon filleul, pour tes différentes peintures, en couleurs et en noir que tu m'avais offertes il y a quelques années.[5] Et merci à toi mon frère Pierre, pour le dessin de l'église de Puyméras et Meffre pour le dessin du cavalier que vous aviez réalisés pour notre faire part de mariage[6].

J'associe aussi à tous ces remerciements mes premiers petits élèves de l'école Notre Dame de France à Marseille. En tant que stagiaire en deuxième année de CAP de l'enseignement privé, j'ai eu le privilège et la joie d'animer des séances d'écriture autour de la poésie en classe de CM2. Et quel plaisir de partager avec ces

---

3   Cf. page 203
4   Cf. pages 3, 51, 80, 102, 125, 138, 206, 217
5   Cf. pages 66, 159
6   Cf. page 165 et 180

jeunes enfants ma passion et de leur dévoiler la magie des mots. Ils avaient apprécié ces moments et nous avions échangé toutes ces émotions à travers ce langage poétique.

Quelle richesse, toutes ces productions, avec beaucoup d'habileté et de sens artistique !

Alors pour tout ce travail, ce beau partage durant toute une année avec vous tous et l'aide de Benoît, pour la relecture et la mise en page,

MERCI

« La poésie est désuète pour ceux qui sont gavés, mais quand le réel est insupportable,
elle prend la valeur d'une arme de survie »

Boris Cyrulnik

Vous avez tous les remerciements de la classe, pour nous avoir appris tes secrets sur la poésie.

La classe de M.é.

Poésie, poésie quand tu me tiens !...........4

Préface..........8

I Au fil du temps..........18

Invitation au bonheur..........20
Dérives du temps..........22
Le temps à travers les années..........24
Anne-Sophie..........26
Douces nostalgies..........27
Le temps..........29
Oh temps cruel !..........31

II Balades..........33

À travers les saisons..........36
Le printemps..........36
L'été..........39
L'automne..........40
L'hiver..........41
Sonnet printanier..........43
Temps d'automne..........44
Noël Noël,..........46
À travers les voyages..........47
La mer..........52
Nuits orientales..........53
Les murailles d'Avila..........54

III Méditations..........55

Bonheur perdu..........58
Quelques mots..........60
L'enfant..........61
L'Adolescence..........64
Promenade Nocturne..........65
Le vide..........67

Dialogue des cœurs...68
Songes...71
Recherches...72
Vers épars...73
Un soir en solitaire...74
Des petits matins...75

IV L'Amitié...77

Meffre...81
Véronique...82
À Camille, à Karine...83
Un demi-siècle...84
Une rencontre...85
Sophie...87

V Sur le chemin de l'école...88

À Liliane...92
Marie–Cécile...95
La directrice Marie-Cécile...96
C'est qui Martine ?...97
Francine...98
Une petite école...100

VI Mes plus beaux fruits...103

À toi notre tout petit...106
Sébastien...108
Il y a quarante ans...109
Espérances d'une maman...110
Audrey...112
La magie d'une rencontre...113
Quand viendra l'enfant ?...115
L'enfant viendra...116
Et l'enfant est venu...117
Première Communion...118

Grégory	119
Par pudeur	120
À Nicolas	123
Célian	126
Julian	127
Adeline	128
L'espoir est dans demain	129
Envolez-vous	133

VII Ma Famille 134

À vous mes chers parents	136
60 ans Papy	139
À toi Maman	141
Murmures de tendresse	142
Entre le temps d'hier et d'aujourd'hui	144
Symphonie de deux cœurs	147
Départ Papa	149
Les jumelles	152
À la croisée des destins	154
À ma première nièce Julie	156
Anaïs	157
Naissance de Justine	160
Cyril ou l'espoir d'un prénom	162
Le baptême de Justine et Anaïs	163
Puyméras	166

VIII Philippe 171

À Philippe, mon mari	176
On aime	181
Nos fiançailles	182
Si	185
Je voudrais	186
Heureuse nouvelle	188
Être père	189
La balade du cuirassier	191

Ton absence..193
Par lui, avec lui et en lui...............................195
Rêveries...198
Je connais..199
Un instant dans le temps..............................202
Quand tu es parti !.......................................204
Un presque rien..207
Sur ta tombe...210

IX L'amour...212

Destinées..215
L'autre..218
Espoir...220
Noces d'étain..221
Noces de porcelaine.....................................224
Te souviens-tu ?...226

Remerciements...228

Jeune retraitée de l'éducation nationale, où j'ai surtout enseigné en classe de maternelle, avec beaucoup de passion ; l'écriture, et surtout la poésie, ont bercé mon existence. Quel plaisir de lire des poèmes, puis d'écrire et aussi de partager avec mes petits élèves cet engouement de l'art poétique !

Le décès prématuré de mon époux au seuil de ma retraite a précipité ce projet caché dans un coin de ma tête : avec pudeur, mais aussi un peu d'audace, dévoiler ces textes écrits depuis ma tendre enfance jusqu'à aujourd'hui, mon intimité profonde.

La poésie est un compagnon de voyage pour exprimer mes sentiments les plus intimes, crier ma révolte face aux injustices, au temps qui m'emprisonne, soulager mes douleurs, mes angoisses, guider chaque jour ma vie.

Et comme disait Lamartine : « C'est un chant intérieur », une mélodie, des mots en harmonie à entendre en silence, mais aussi à dire à haute voix pour mieux s'approprier la pensée.

Poésie en héritage

Imprimé à compte d'auteur par Brigitte Genre

Ouvrage relu, corrigé et mis en page
par Benoît Houssier, Écrivain Biographe
www.energie-plume.fr

Édition : BoD · Books on Demand, 31 avenue Saint-Rémy, 57600 Forbach, bod@bod.fr

Impression : Libri Plureos GmbH, Friedensallee 273, 22763 Hamburg (Allemagne)

ISBN : 978-2-3225-9479-5

Dépôt légal : Avril 2025